천직이냐 천벌이냐

스물다섯 살 사제 일기

천직이냐 천벌이냐

스물다섯 살 사제 일기

이재웅 다미아노 신부

잠시만요

작년에 마티아 주교님이 "이 신부, 올해가 몇 년 차지?" 하고 물으셨습니다. "겨우 스물네 살입니다." 하고 말씀드렸습니다. 감히 24년 차라고 대답하기가 뭣하더라고요. 정말이지 나잇값은 지지리도 못 하면서 눈치없이 나잇살은 늘어만 갑니다.

한 해가 지나 올해는 서품 받은 지 꼭 25년이 되는 해인데 영 부담스럽습니다. 은경축이라니…. 그래서 스물다섯 살이라고 스스로 우기고 있습니다. 그래야 맘이 좀 편하니까요.

그동안 낸 책이 여섯 권인데, 어떤 글은 제가 봐도 사랑스럽고 어떤 글은 찢어 버리고 싶을 정도로 창피합니다. 그나마 봐줄 만한 것들을 추려 단행본으로 묶었습니다. 받은 것이 많은 25년이기에 이 책 한 권으로나마 조금은 갚을 수 있기를 바랍니다.

"내가 다 밀어주마!"라는 하느님의 약속은 저에게 희망의 근거이고 믿음의 원천입니다. 그동안의 글들을 정리하면서 주님께서 약속을 지키고 계심을 다시금 확인할 수 있었습니다. 그러나 이토록 확실한 은총을 체험하면서도 여전히 가벼운 믿음과 불안해하고 두려워하는 나 자신을 보며 한탄스럽기만 합니다.

"네가 하려고 하지 마!"라고 하셨건만 제가 얼마나 잘난 척 애를 썼고 헛수고를 했고 개고생을 했는지를 생각하면 얼굴이 화끈거립니다. 철은 언제나 들는지 아주 걱정입니다.

지난 번 인사이동을 앞두고 바오로 신부가 말했습니다. "형, 성소를 지킬 수 있는 본당으로 갔으면 좋겠어요." 그 말이 그날 밤, 잠 속에서까지 생생했습니다. 그렇죠, 애당초 완료된 성소란 없는 것이니 성소를 지켜야 하는 것은 신부가 되어서도 마찬가지입니다.

길을 잃고 나의 울음소리를 기억해 주시기를 바라며 징징대고 우는 새끼 양이 바로 접니다. 상황만 다를 뿐 천직과 천벌 사이에서 고민하던 신학생이 여전히 제 안에 있습니다. 그런데도 벌써 저의 사제 생활은 반환점을 돌았습니다. 그저 완주할 수 있기만을 바랄 뿐입니다.

저는 사제로서 제대로 살 자신도 없고 꽃길만 걸을 리도 없으니 길도 잃고 중심도 잃게 될 것입니다. 그때 이 책을 펼쳐 내 삶에 개입하셨던 하느님을 발견하고 다시 부탁드리는 기회로 삼으렵니다. '앞이 보이지 않을 때에는 온 길을 되짚어 보라'는 격언처럼 말입니다.

좋은 신자는 좋은 신부가 만들고, 좋은 신부는 좋은 신자가 만드니 저를 위한 기도를 어쩌다 한 번쯤은 해 주시기를 부탁드립니다. 저 역시 이 책을 읽는 모든 분들을 위해 기도드리겠습니다.

차 례

잠시만요	5
천직이냐 천벌이냐	11
3시 58분	19
오가작통五家作統	24
신부님의 눈물	28
행복한 시작	31
룰루랄라	34
하느님께서 하시는 일은…	38
그대들이 있어 나는 행복합니다	41
작업실 방문	45
입당 미사	49
그때 그 노래!	52
천당같은 우리성당	55
회상	59
천당에서 만납시다	79

세 아들의 첫미사	83
빨간 동그라미	89
신부님 되어라, 수녀님 되어라	93
아강그리알Aganggrial	97
형이라고 불러	109
소원	112
여인아…	117
장인이 된 신부	122
흥신소	128
아, 네팔	132
너 구룽이지?	139
적선여경積善餘慶	144
우리 아버지는 부자예요	149
친구와 기숙사	152
날벼락과 감사	157

선생복종善生福終	160
연인처럼	164
고마운 길동무	168
확률 없는 만남	172
마딸랑아우	175
마딸랑아우 그 후	185
꾸야 레이	190
내 친구 오웬	195
실수를 해라	200
요셉의원	206
롤롬보이	210
다시 롤롬보이	215
톰과 제리	220
라자이 시몬성당	226

아바르 아스벤 Abar ashben	231
부릉부릉	236
스나이더 부부	240
페루박 신부	244
모퉁이의 빛 Rincon de Luz	249
꿈이여 생시여	253
우리의 소원	257
천국의 사다리	261
사는 이유	265
첫눈처럼	268

천직이냐 천벌이냐

저는 구교우집 후손입니다. 아버지도, 할아버지도, 할아버지의 할아버지도 하느님을 섬기셨습니다. 제가 태어나고 자란 곳은 교우촌인 양협공소입니다. 옹기를 구워온 동네 사람들은 대대로 천주교 신앙을 간직해 왔습니다.

우리 마을에서는 일 년에 두 번, 공식적으로 학교에 가지 않아도 되는 날이 있었습니다. 봄, 가을 판공을 하는 공소날이 되면 안성 읍내에서 신부님이 우리 마을로 오토바이를 타고 오셨고 그날은 학교에 결석하고 판공과 미사를 봤습니다.

마을 사람들끼리는 속명이 아니라 본명을 불렀습니다. 저만 해도 재웅이 아니라 '다미아노'라고들 하셨습니다. 어쩌다 신자가 아닌 사람이 이사를 오면 난감합니다. 부를 이름이 없으니까요. 다들 "베드루, 요왕~" 하는데 본인만 "어이, 김씨!" 이렇게 부르면 얼마나 어색해요? 그래서 대부분 세례를 받거나 그렇지 않으면 도로 이사를 가곤 했습니다.

이런 마을의 공소회장인 할아버지는 신앙에 있어서만큼은 어떠한 타협도 없는 외골수셨습니다. 어린 저는 할아버지가 아침저녁으로 무릎 꿇고 기도하시는 모습을 보면서 할아버지보다 높은 하느님이 계심을 자연스레 알게 되었습니다.

할아버지는 아주 엄하셨지만 저에게는 신기한 도깨비방망이 같았습니다. 썰매를 타는 친구들이 부러워 "할아버지, 썰매~"라고만 하면 다음 날 저는 틀림없이 썰매를 타고 놀 수 있었습니다. "할아버지, 연~" 하면 다음 날 저는 신나게 연을 날렸고요.

주일이 되면 할아버지의 빨간색 쌍기통 오토바이 뒤에 매달려 성당에 갔습니다. 그리고 미사 후에는 버스 터미널 뒤의 중국집 만리향에서 완두콩 대여섯 개를 얹은 짜장면을 먹곤 했습니다. 우와 진짜, 도대체 그 맛은 언제쯤에나 잊혀질까요?

할아버지의 소원은 제가 신부님이 되는 것이었고 당연히 저도 신부님이 되어야 하는 줄로만 알았습니다. 할아버지는 우리 집안에도 신부님이 나게 되었다며 장손인 저를 끔찍이 사랑해 주셨습니다. 썰매와 짜장면으로 꼬신 것이 틀림없습니다.

그러나 할아버지는 그리 오래 세상에 머무르지 못하셨습니다. 제가 열다섯 살이 되던 해 할아버지는 그만 폐암에 걸리셨는데 이미 전이가 상당히 진행된 상태여서 손을 쓸 수가 없었습니다. 온 가족이 몇 달 동안 기도했지만 할아버지는 창조주께로 돌아가셨습니다. 그리고 할아버지가 떠나시면서 신부님이 되어야 할 이유도 함께 사그라들었습니다.

이듬해 안법고등학교에 입학했습니다. 첫 시간에 자기소개서를 작성하는데 장래 희망을 적는 난이 있었습니다. 딱히 쓸 것도 없고 별 생각도 없어서 그냥 신부님이라고 썼습니다.

그런데 그날 종례 시간에 담임 선생님이 저를 지명하시더니 바로 교장실로 가라고 하셨습니다. 신입생에게 교무실도 부담스러운데 교장실이라니…. 더구나 교장 선생님은 신부님이셨습니다. 어려서부터 신부님은 하늘 같은 분이어서 고개를 들기는커녕 그림자도 밟지 말라고 배웠는데….

"네가 이재웅이냐?"

"네."

"장래 희망이 신부님이라고?"

"네."

"기특하구나. 3년 동안 장학금을 줄 테니 열심히 공부하거라."

교장 신부님 앞에서 1학년 신입생은 어떤 대꾸도 할 수 없었습니다. 그렇게 얼떨결에 예비 신학생 모임도 참석하게 되었고, 학교에도 성당에도 뉘집 아들이 신학교에 간다는 소문은 들불처럼 번져 버렸습니다. 아 … 뭔가 꼬여 가고 있었습니다.

대학 진학을 앞둔 고3이 되자 몸이 달았습니다. 이렇게 떠밀리듯 신학교에 들어가서는 안 된다는 생각에 학교의 성소 담당 수녀님을 찾아뵙고 예비 신학생을 그만두겠다고 말씀드렸습니다. 그랬더니 수녀님께서는 그동안 기도해 주고 도와주신 많은 분들을 위해 시험이라도 치르는 것이 도리라고 하셨습니다. 그리고 만일 붙으면 하느님의 뜻이니 따라야 한다고 덧붙이셨습니다.

'먹은 게 있으면 약해진다'는 말을 저는 너무 일찍 알아 버렸습니다. 수녀님의 말씀보다 그동안 받은 3년 장학금이 더 마음에 걸렸으니 말입니다. 하는 수 없이 생각했습니다. '까짓것, 장학금과 신학교 시험을 퉁치지 뭐.'

그렇게 해서 신학교 원서를 내고 학력고사를 보게 되었습니다. 다른 예비 신학생들은 진지했지만 저는 건성으로 시험을 보았습니다. 떨어져야 했으니까요. 합격하라고 찰떡과 엿을 선물하는 후배들에게는 미안한 마음마저 들었습니다.

발표 날이 되었습니다. 같이 시험 본 친구들은 발표를 보러 신학교까지 간다는 둥, 심장이 떨린다는 둥 난리였지만 저는 천하태평 늦잠을 잤습니다. 저의 상황을 모르던 부모님은 신학교로 가야 하는 것 아니냐며 성화셨습니다. 당시에는 학교에 합격자 명단이 적힌 대자보를 붙이곤 했거든요. 하지만 저는 학교까지 가서 부모님에게 실망감을 안겨 드리고 싶지는 않았습니다. 그 대신 식구들이 모인 가운데 신학교로 불합격 확인 전화를 걸었습니다.

"여보세요, 신학교죠? 합격자 확인을 하고 싶은데요."

"수험번호와 이름을 말씀하세요."

"0000번, 김윤중이요."

"잠시 기다리세요. 학사님, 축하드립니다."

"붙었어요? 감사합니다. 윤중이는 제가 아니라 제 친구거든요. 그런데 혹시 이재웅은 어떻게 되었나요?"

"본인이세요?"

"네."

(괜찮아요, 떨어졌다고 어서 말해 주세요.)

"환영합니다. 학사님."

세상에 이렇게 당황스러운 합격소식이 또 있을까요? 정말이지 신학교와 하느님으로부터 멀리멀리 도망치고 싶었습니다. 하지만 하느님이 두려워서 도무지 어쩔 수가 없었습니다. 만일 신학교에 들어가지 않는다면 틀림없이 무슨 일이 생길 것만 같았거든요. 하느님께 벌을 받으면 그게 천벌 아니겠어요? 밀렵꾼의 덫에 걸린 한 마리 야생 노루가 바로 저였습니다.

결국 신학교에 입학을 하기는 했지만 억지로 한 결혼 생활처럼 끔찍하게 괴로웠습니다. 선배님들로부터 지적과 경고가 누적되었습니다. 그럴수록 독은 바싹 올랐고 몸은 바짝 말라갔습니다.

"인생은 활짝 핀 장미꽃 한 송이처럼 사는 거야." 너무도 힘에 부쳐 하는 저에게 한상호 신부님께서 해 주신 말씀입니다. 막힌 가슴이 뻥 뚫리는 것만 같았고 감옥이나 다름없던 신학교 생활이 조금은 다르게 보였습니다만, 그렇다고 사제직이 매력적으로 느껴지거나 나를 이곳으로 끌고 온 하느님이 좋아질 정도는 아니었습니다. 확실한 결정을 내리지 못한 채 방황하던 저는 2학년을 마치고 휴학과 입대를 선택했습니다.

자유로이 그리고 후회 없는 결정을 하겠노라 굳게 다짐하고 입대했지만 졸병 생활은 그리 호락호락하지 않았습니다. 상병이 되어서야 개나리꽃이 노랗다는 것이 눈에 들어왔고 그제서야 진로에 대한 고민이 본격적으로 시작되었습니다.

'신학교에 붙은 것을 보면 하느님의 뜻은 확실한데…

여전히 사제직은 매력적이지 않고…

만일 거역하면 인생이 심하게 꼬일 것만 같고…

그렇다고 다시 신학교에 들어가서 살 자신은 없고…

하지만 원하지 않는 삶을 살아서는 안 되고…

그러나 도저히 그만둘 용기는 없고…

아, 천직天職이냐 천벌天罰이냐?'

그렇게 안 간다는 국방부 시계가 병장이 되자 미친 듯이 돌아갔습니다. 제대 전까지는 무조건 결정해야만 하니 하루하루가 초조했고 매일같이 두통을 달고 살았습니다. 드디어 용기를 내어 결심을 했습니다. 신학교에 다시는 돌아가지 않기로 말입니다. 집에도 복학하지 않겠다고 편지를 드렸습니다.

"재웅아, 난 네가 신부가 되어도 좋고 장가를 가도 좋다. 어느 하나 확실히 결정만 해 다오. 내가 다 밀어주마."

산에서 홀로 초소 근무를 서고 있을 때 들려온 소리였습니다. 둘러봤지만 주위에는 아무도 없었습니다. 하지만 마음의 정중앙을 화살처럼 꿰뚫고 지나간 그 음성이 어디에서 왔는지는 직감적으로 알 수 있었습니다. 당시 저는 하느님을 거역하면 받게 될 천벌이 두려웠지만 '나의 길을 가리라'고 다짐한 상태였습니다. 그런데 무얼 해도 좋다고?

고민은 그리 길지 않았습니다. 여전히 사제직은 내키지 않으나 나를 부르시는 분께서 '자유로운 선택'과 '전폭적인 지원'이라는 두 카드를 내미시니 순명해야겠다는 생각이 들었습니다. 마음을 고쳐먹고 제대를 하자마자 신학교로 향했습니다.

복학은 입학과는 사뭇 달랐습니다. 이번에는 제발로 들어갔으니까요. 아니나 다를까 다시 들어간 신학교는 '약속의 땅'이었습니다. 어디서 그런 샘솟는 의욕이 생기는지 저도 알 수가 없었습니다. 성당에는 맨 처음, 강의실에서는 맨 앞에, 운동장에서는 맨 먼저 달렸습니다. 신기할 정도로 모든 것이 술술 풀렸습니다.

그로부터 5년이 지난 1999년 1월 15일, 사제로 서품되었고 현재 스물다섯 살의 젊은 신부로 살고 있습니다. 지금도 힘든 일과 맞닥뜨릴 때면 성당으로 가서 여쭙곤 합니다.

"그때 그 '다 밀어주마!' 하신 약속, 여전히 유효한 거지요?"

3시 58분

어느 신부나 다 그렇겠지만 미사를 드릴 때에는 교우들에게 양질의 영적 에너지를 전하고자 온 열정을 쏟습니다. 한 시간의 미사를 드리고 나면 보통은 목소리가 갈라지고 윤기를 잃게 됩니다.

저에게는 주일이 장날입니다. 지난 주일에 첫 미사인 9시 미사를 마치고 바로 10시 30분 교중미사를 준비하기 위해 고해소로 들어갔습니다. 미사가 끝나면 계단으로 내려오는 교우들과 일일이 눈을 마주치려 노력합니다. 하느님을 만나기가 어려우니 하느님과 가까운 신부님의 눈빛이라도 마주치고 싶어할 것 아닙니까?

교우들과 인사를 나누고 다시 성당으로 들어섰습니다. 비오, 베드로, 안젤라, 데레사의 이름으로 세례를 받게 될 아기들이 엄마 품에 안겨 저를 기다리고 있었습니다. 이 아이들이 알 리는 없지만 평생 한 번 있는 소중한 세례식입니다. 정성을 다하려고 하지만 목소리는 갈라지고 경문이 길게만 느껴졌습니다.

성당 마당에 나오니 그새 잔치가 한창 벌어지고 있습니다. 오늘은 두정구역의 마리아가 결혼하는 날입니다. 얼른 국수 두 그릇 먹고 나니 혼인미사 20분 전입니다. 잠시 쉴 겸 솔밭에 묶어 놓은 강아지 동이 녀석을 보러 갔습니다. 멀리서 목소리를 알아듣고 좋아서 어쩔 줄을 몰라 합니다. '주인을 보고 어쩌면 저렇게 좋아할까? 나도 저런 하느님의 아들이어야 하는데…'

그런데 아 글쎄, 이 녀석이 너무 날뛰는 바람에 개목사리가 끊어지고 말았습니다. 녀석은 자유의 몸이 되어 잔치가 벌어진 성당 마당을 휘젓고 다녔습니다. '이해가 안 되는 건 아니었지만 내 사정도 좀 봐주지….' 활갯짓을 하는 그 녀석의 끈을 간신히 붙잡아 다시 묶어 놓으니 어느새 미사시간이 다 되었습니다.

황급히 수단자락에 묻은 개털을 털고 제의방에 들어가는데 맨 앞에 앉아 있는 사진사 양반, 나이도 젊어 보이는데 떡하니 다리를 꼰 채 신문을 펼쳐 보고 있었습니다. 그동안 혼인미사 때에 너무 예의를 지키지 않아 맘 상한 적이 한두 번이 아니었습니다. 울리는 핸드폰을 태연히 꺼내 받는 어른들과 중앙통로로 달음질하는 아이들, 성당 내에서는 담배를 피울 수 없다는 해설자의 안내가 괜한 소리가 아니라면 성당 내에서 담배를 피운 하객도 있었던 모양입니다. 암튼 혼인미사를 앞두고는 늘 불안합니다.

입당성가와 함께 제단에 올라 보니 다행히 사람들이 조용합니다. 신랑이 입장하고 약간은 부은 얼굴로 신부가 입장했습니다. "마리아, 어제 잠 못 잤니?" 고 녀석이 부끄러운 듯 고개를 끄덕입니다. '그렇겠지. 얼마나 긴장되겠냐?' 결혼하는 두 사람에게 나이가 들어서도 다른 사람들에게 따뜻한 감동을 느끼게 해 주는 부부가 되기를 부탁했습니다. 그리고 미사가 끝날 무렵 신혼부부에게 '여보, 사랑해'라고 시켰습니다. 성당 안은 신혼부부의 서툴고 수줍은 '여보' 소리에 웃음바다가 되었습니다.

미사가 끝나고 제의방에 들어가니 몸이 저절로 무너졌습니다. 복사에게 문을 좀 열라고 시켰습니다. 그래도 마리아 부부가 힘차게 행진하는 첫 모습을 보고 싶었습니다. '잘 살아야 한단다.' 사진촬영을 하면서는 기쁘지만 피곤해서 미소가 지어지지 않았습니다. 게다가 사진사가 아까 그 신문 보던 사람이 아니겠습니까?

20년 후, 오세정 마리아 가족

혼인미사를 마치고 사제관에 들어와 시계를 보니 2시입니다. 휴~ 4시 미사까지는 2시간이 남았습니다. 수단을 벗고 소파에 몸을 던졌습니다. 잠시 후, 눈이 떠졌습니다. 본능적으로 시계를 보았더니 3시 58분이었습니다. 으악, 미사 시작 2분 전!!! 고양이 세수를 하고 성당으로 뛰었습니다. 주님, 깨워 주셔서 감사합니다.

한숨 자고 났더니 목소리에 다시 윤기가 생겼습니다. 미사가 끝날 때가 되어서야 도착한 은영이, 효선이, 효진이에게 일찍 나올 것을 부탁하고 나니 5시가 다 되었습니다. '이제 남은 것은 8시 미사, 바람 좀 쐬러 가자.' 저무는 해를 바라보며 맘 편히 낚시를 했습니다. 서너 마리 낚으니 날이 어두워지기 시작했습니다. 성당으로 오는 길에 저녁 먹자는 청년들의 전화를 받았습니다. 후다닥 한 그릇 해치우고는 얼른 성당으로 왔습니다.

사무실에서 보니 지금까지 미사 참례한 교우가 938명이었습니다. 미사 한 대가 남았는데 지난 주일보다 50명이 더 많았습니다. 신바람이 났습니다. 오늘 처음으로 드리는 8시 미사인데 교우들이 얼마나 올지가 궁금했습니다. 독서를 들으면서 자라처럼 고개를 내밀어 신자 수를 세었습니다. 이럴 수가 62명! 에누리 없이 오늘 딱 천 명이었습니다. 싱글벙글 미사를 드렸습니다. 농번기에 줄어야 정상인데 오히려 백 명이 더 나왔으니 신부에게 이보다 더 기쁜 일이 또 어디 있겠습니까?

미사를 마치고 총회장 내외와 헌금을 세면서 오랜만에 즐겁고 행복했습니다. 요즘 성당 신축 때문에 머리 안에 벌레 35억 마리가 돌아다녔는데…. 총회장이 걱정스레 말을 꺼냈습니다.

"오늘 미사를 다섯 대나 드리셨는데 얼마나 힘드십니까?"

"회장님도 참, 미사의 은총을 다섯 번이나 받은 것이지요."

사제관에 돌아와 마지막으로 결재할 서류를 정리하는데 청년회장에게서 전화가 왔습니다.

"신부님, 저희들 노래방인데요~"

오가작통五家作統

언젠가 우리 교우의 상가喪家에 갔는데 공교롭게도 고인의 동생이 목사님이었습니다. 이 양반이 고인은 자기 형이니 장례를 개신교식으로 하겠다고 하면 어떻게 하나 걱정이 되었습니다. 그러나 그가 형의 신앙을 깊이 존중하고 있어서 참 다행이었습니다. 목사님과 이런저런 이야기를 나누다가 주일에 신자들이 얼마나 오냐고 물었습니다. "60%쯤 와요. 부끄러운 수치죠." 그의 대답에 저는 얼굴이 화끈거렸습니다. 우리 성당 주일미사 참례 신자 수는 교적의 절반에도 훨씬 못 미치는 수준이기 때문이었습니다. 그날 분명한 목표가 생겼습니다. '주일미사의 은총, 절반의 교우와 함께! 어느 성당에 가더라도 이걸 반드시 이루리라.' 팽성이 첫 단추였습니다.

초짜 신부인지라 어떻게 해야 신자 수가 늘 수 있는지 선배 신부님들에게 귀동냥을 다녔는데 이호권 신부님이 두고두고 잊지 못할 귀중한 말씀을 해 주었습니다.

"이 신부가 프란치스코 성인처럼 살면 돼."

목표를 세운 지 일 년이 지났지만 농번기와 결혼시즌, 하다못해 김장주일에도 성당이 꽉 차지 않았습니다. 여전히 교우들은 겨울 신자입니다. 지난 대림4주에는 천백 명을 넘겨 교우 50%가 참례하기도 했는데 다음 주에 바로 천 명조차 오지 않아 아프도록 망연자실하였습니다. 그래도 여전히 50%는 저에게 포기할 수 없는 목표입니다. 자기 남편, 자기 부인, 자기 자녀들조차 회두권면하지 못한다면 어찌 부끄러워 천당에 오를 수 있겠습니까? '너만 혼자 왔느냐?'는 하느님의 질문에 어찌 답하겠습니까?

저는 천주교에 그 무엇과도 비교될 수 없는 진리가 있다고 확신하고 있습니다. 진리는 누구에게는 진리이고 누구에게는 거짓이며, 상황에 따라 변화되는 것이 아닙니다. 그 진리는 성서와 성전에 고스란히 담겨 있으며 특히 미사에는 천주교의 진수가 담겨 있습니다. 미사를 통해서 우리는 용서할 수 있는 기운, 나눌 수 있는 용기, 기쁘게 참을 수 있는 인내, 깨지지 않는 평화, 언제나 지어지는 미소를 만납니다. 그래서 미사는 은총의 충전소입니다. 사람이 주는, 자연이 주는, 취미가 주는 에너지와 하느님께서 주시는 은총의 에너지를 비교할 수 없습니다.

그러나 어떡해도 늘지 않는 신자 수에 슬슬 지쳐만 갔습니다. 그러던 차에 예수님께서는 "불을 지르러 왔다."고 하셨는데 우리 본당에 불을 지르기 위해서는 뭔가 조직적인 방법이 필요하다는 생각이 들었습니다. 오가작통이란 묘수가 떠올랐습니다. 오가작통은 천주교회를 말살하는 데 이용되어 신앙의 선조들을 무참히 찌른 비수입니다. 그러나 저는 그 오가작통이 쉬는 교우가 많은 우리 성당을 살릴 용한 침으로 여겨졌습니다.

수녀님의 도움으로 본당 가족들을 다섯 가구씩 묶어 총 170개 조로 만들었습니다. 조장들은 자기에게 맡겨진 가정들을 잘 살펴 성당에 오지 않은 가정에는 주일강론을 정리한 은총전달지를 배달하라고 하였습니다. 미안하기도 하고 걱정도 되었습니다.

'신앙이 식은 교우 집을 방문하였다가 문전박대도 당할 텐데…. 그럴 때마다 바로 그 사람을 하느님께서 애절히 기다리고 계심을 생각하고 목 잘려 죽으면서도 신앙을 전파하고 증언한 우리 선조들의 전구를 청해야 할텐데….'

한 달이 지났습니다. 큰 배를 움직이는 것처럼 힘듭니다. 하지만 조금씩 좋은 조짐들이 나타나고 있습니다.

우선 저의 마음 자세가 다릅니다. 더 좋은 강론을 하기 위해 애쓰고, 강론을 글로 정리하기 위해 한 번 더 애를 씁니다. 그리고 은총 배달부인 조장들을 위해 매일 묵주기도를 바치고 있습니다.

조장들은 적어도 자신들이 미사에 빠지면 안 된다는 생각을 갖고 있으며, 미사에 참례한 교우들은 지난 주 강론을 한 번 더 읽고 있습니다.

이 배가 언제 바다로 나가 항구에 도달할지 까마득하지만 하느님께서 지혜를 주셨으니 용기마저도 주시리라 생각하니 마음이 편합니다.

부디 우리 교우들이 천주교 신자임을, 팽성성당에 다니는 것을 다행스럽고 자랑스럽게 생각하기를 바랍니다. 명동성당도, 로마의 베드로성당도 우리 성당에 비하면 어림없다는 자부심이 있기를 바라고 또 바랍니다. 저 또한 훗날 팽성성당의 본당신부였다는 걸 자랑스럽게 생각할 수 있기를 바랍니다.

신부님의 눈물

성당 신축에 대한 주교님의 승인을 얻은 것은 2005년 1월의 일입니다. 교우들과 함께 즐겁게 성당을 지어서 기쁘게 하느님께 봉헌할 것을 생각하니 마음이 두근거렸습니다.

그러나 그 설렘이 걱정과 두려움으로 바뀌는 데에는 그리 오랜 시간이 걸리지 않았습니다. 막상 성당을 지으려니 세상 물정에 어두워 사기당하기 꼭 알맞은 바보가 바로 저였습니다. 설계도는 꼭 매직아이 같았습니다. 아무리 보아도 안 보이다가 한참을 뚫어지게 봐야 겨우 건물의 형태가 나타났습니다. 모든 것을 하느님께 의지하자고 다짐했지만 돈 걱정을 안 할 수가 없었습니다. 신부가 된 후로 성당을 지을 때를 준비하며 부어 왔던 적금을 봉헌했고 교우들도 정성껏 봉헌했지만 밑 빠진 독에 물 붓기였습니다. 게다가 예상치 못했던 건축자재 값의 폭등은 의욕을 떨어뜨렸습니다. 성당을 지으면 10년은 늙는다는 말이 새삼 실감이 났습니다. 아직 시작도 못 했는데….

어릴 적 우리 공소에 판공을 나오셨던 본당신부님의 심정이 이해되었습니다. 그날이 기억 속에 선명히 남아 있는 건 신부님의 눈물 때문이었습니다. "이 유서 깊은 공소에서 어떻게 이럴 수가 있습니까?" 신부님께서는 아주 서럽게 소리 내어 우셨습니다.

당시 신부님께서는 죽산성당을 짓고 계셨는데 아무래도 농촌이니 건축헌금이 형편없이 모자랐을 것입니다. 하지만 신부님께서는 교우촌에서 건축헌금을 내지 않는다고 운 것이 아니셨을 것입니다. 돈 때문이었으면 역정을 내셨겠지요. 성당 신축이라는 큰일을 하는데도 얼어붙은 듯 움직이지 않는 교우들의 식어 버린 신심에 깊이 실망하여 그렇게 서글피 우셨을 것입니다.

신부님의 눈물을 보았던 그 꼬맹이가 25년이 흘러 사제가 되었고 성당을 짓게 되었습니다. 아마 저도 성당을 지으면서 그 신부님처럼 눈물을 훔쳐야 할 괴로운 사건들을 겪어야 할 것입니다. 또 우리 교우들도 각 가정마다 힘든 희생과 포기를 경험해야 할 것입니다. 그러나 이것이 가장 좋은 건축자재이리라 생각합니다.

오래전 일인데 눈물을 흘리시는 신부님의 모습이 생생한 것은 이미 그때부터 하느님의 부르심이 있었는지도 모르겠습니다. 아무튼 이 땅에 성당을 짓는 모든 신부님들과 교우님들! 어렵게 그리고 기쁘게 성당을 지어 하느님께 봉헌합시다.

제가 어릴 때에는 본당 신부님, 신학생 때에는 교수 신부님이셨던
이정운 베드로 몬시뇰을 모시고 종탑십자가 축성식을 거행했습니다.

행복한 시작

　신자는 성당 세 개 지으면 천당 가고 신부는 성당 세 개 지으면 지옥 간다는 말이 있습니다. 그만큼 성당을 짓는 일이 어렵다는 말일 것입니다. 그렇게 힘들다는 성당 건축이지만 행복하게 시작하여 행복하게 봉헌하겠노라고 결심하고 또 결심해 왔습니다. 그래서 5월 7일의 기공식은 행사가 아닌 잔치를 벌이고 싶었습니다. 몇몇 손님들이 주인공이고 정작 교우들은 들러리인 행사는 하고 싶지 않았습니다. 참석한 우리 교우들이 열정으로 달궈져 행복하게 집으로 돌아가는 기공식을 하고 싶었습니다.
　만족스런 생각이 떠올랐습니다. 교우들에게 기공식 날에 가위와 함께 자기 땅에서 담은 흙을 가져오라고 했습니다.

　기공식이 다가오면서 자꾸만 걱정이 되었습니다. '농번기인데 교우들이 많이 올까? 혹시 비가 오면 안 되는데…' 하지만 쓸데없는 걱정이었습니다. 교우들도 많이 오고 날만 쨍쨍했으니 말입니다.

주교님을 모시고 미사성제를 올린 다음 대지축성을 하고 테이프를 자르는 시간이 되었습니다. 청년들이 교우들 사이로 오색 테이프를 주욱 펼쳤습니다. 교우들은 집에서 가져온 가위를 꺼냈습니다. 하나, 두울, 셋, 싹둑!

이어 첫 삽을 뜨는 차례입니다. 주교님께서 한 삽 뜨시자 자리에 있던 교우들이 너나 할 것 없이 앞으로 달려 나왔습니다. 이게 아닌데…. 새 성당 새 제대가 놓일 자리에 구덩이를 파고 거기에 집에서 가져온 흙을 경건하게 봉헌하는 것이 원래 계획이었습니다. 헌금할 때처럼 두 줄로 나와 제대 자리에 흙을 부으라는 말은 아무 소용도 없었습니다. 주교님과 손님 신부님들도 많은데 질서라고는 찾아볼 수 없는 난장판이 되었습니다. 세찬 소나기가 퍼붓고 지나가듯 순식간에 흙으로 메워졌습니다. 하지만 '주교님 앞에서 이게 무슨 망신이냐고, 질서 좀 지키라'고 소리칠 수가 없었습니다. 농사짓는 우리 교우들이 앞 다투어 가지고 나온 그 흙은 자기의 재산이요 생명이기 때문이었습니다. 저는 애써 눈물을 감추어야 했고 질서를 모르는 우리 교우들의 얼굴에는 함박꽃이 피어 있었습니다.

기공식이 끝난 다음, 구역별로 성당 마당에서 함께 저녁을 먹었습니다. 식사를 마친 교우들은 제가 기공식 기념으로 드린 묵주를 들고 묵주기도를 시작했습니다. 그리고 기공식이 열린 바로 그 자리에서 촛불을 들고 모여 성모의 밤을 시작했습니다. 이 공사를 무사히 마칠 수 있도록 전구해 주시기를 어머니께 청했습니다. 성모의 밤이 끝나고 작은 음악 축제를 열었습니다. 어린이부터 어른 성가대까지 모두 한 곡조씩 뽑았습니다.

모두가 집으로 돌아간 지금도 참 행복합니다. 이 잔치의 이름을 '행복한 시작'이라고 하기를 정말 잘했습니다.

룰루랄라

저는 요즘 신바람 나고 의욕이 넘칩니다. 백 명도 채 미치지 못하던 평일미사 참례교우가 2백 명을 훌쩍 넘기고 있습니다. 사제에게 미사에 교우들이 많이 오는 것보다 더 기쁜 일이 어디 있겠습니까?

지난 기공식을 마친 후 곰곰이 생각하였습니다. '성당 신축을 행복하게 시작했는데 기쁜 봉헌식이 되려면 교우들과 무엇을 준비해야 할까?' 물론 돈이 제일 심각한 문제였지만 그것은 신부가 걱정한다 해서 해결되지 않을 것이니 통째로 주님께 맡겼습니다. '교우들이 미사에 오는 재미를 들여 매일 성당에 오게 하자. 성당 신축 중인 교우들에게 이보다 더 좋은 준비가 어디 있을까? 그런데 어떻게 해야 평일에도 교우들이 성당에 온담?'

저부터 바꿔야 했습니다. '강론을 더욱 철저히 준비하고 더 정성을 들여 미사를 집전하자. 그리고 교우들이 미사에 빠지지 않고 올 수 있는 분위기를 만들자. 그리고 평일미사를 오전과 저녁, 하루에 두 번씩 드리자.'

신부가 두 명인 도시본당에서는 평일에도 미사가 두 대여서 교우들이 원하기만 하면 매일미사를 참례할 수 있습니다. 그러나 우리 본당은 한 대뿐이니 선택의 여지가 없습니다. 물론 두 대의 평일미사는 평상시 같았으면 콧방귀도 안 뀌었겠지만 교우들로 성당을 꽉 채우자는 구체적인 목표가 서니 의욕이 불타올랐습니다.

하루에 미사가 두 대씩 있다고 알리자 교우들은 내심 반기면서도 신부의 건강을 염려했습니다. 하지만 저는 미사를 한 대 더 드리는데도 매일 오던 교우만 와서 의욕이 사라질까 봐 그것이 더 걱정이었습니다.

7월 1일부터 월요일을 빼고는 매일 두 대씩 미사를 드렸습니다. 시작해 보니 생각보다 훨씬 많은 교우들이 미사를 드리러 성당에 왔습니다. 성당을 채운 교우들을 보니 저도 피곤하기는커녕 엔돌핀이 팍팍 솟았습니다. 너무 신이 나서 소리쳐 자랑이라도 하고 싶었습니다. 미사가 끝나면 교우들이 내미는 미사 출석표에 도장을 찍어 드립니다. 바쁘게 도장을 찍으면서도 휘파람과 콧노래가 절로 나옵니다. 누구도 빼앗을 수 없는 저만의 즐거움입니다.

한번은 강론시간에 "죽으면 다른 것은 몰라도 이 출석표만은 관 속에 꼭 넣어 가지고 가세요. 하느님 대전에 내놓을 것이 없으면 이거라도 내놓으셔야죠. 도장은 본당신부인 제가 찍었으니 책임은 제가 집니다."라고 했더니 모두들 깔깔대고 웃었습니다.

얼마 후, 어렵게 구한 표라며 오페라 티켓을 받았습니다. 10만 원짜리였습니다. 얼씨구나, 오페라 하우스에 도착했습니다. 2천 석쯤 되는 극장은 평일인데도 만원이었습니다. 볼거리, 들을 거리 모두 기가 막혔지만 자꾸 다른 생각이 들었습니다. '하루에 입장료 2억 원씩, 그것도 무대에 올리는 기간 내내 매진이라 이거지. 성당에서 올리는 미사가 오페라보다 못할 이유가 뭔가? 더구나 성당은 무료입장 아닌가?'

집으로 돌아오는 길에도 그 생각을 지울 수가 없었습니다. 오기가 생겨났습니다. '좋아, 나도 미사 때 육체와 영혼의 컨디션을 최상의 상태로 끌어올리고 강론뿐 아니라 목소리, 표정 모든 것을 완벽하게 준비하자. 신부라고 기립박수를 왜 못 받아? 팽성에서 해 보자. 열심히 해서 교우들이 우글대는 성당을 만들어 보자.'

오페라가 제값을 했습니다.

매일 두 번씩 성당에 오신 데레사 할머니,
할머니가 제일 예뻐요.

하느님께서 하시는 일은…

성당을 짓는데 어려우니 도와달라는 전화를 받곤 합니다. 하나같이 안타깝고 도와주어야 할 상황입니다. 오죽하면 전화를 했겠습니까? 하지만 성당을 건축 중인 우리 형편을 말씀드리면 결국에는 서로 격려하며 전화를 끊게 됩니다.

실제로 기공식 한 지도 얼마 지나지 않았는데 성당 돈이 바닥을 보입니다. 올해가 지나기 전에 빚을 져야 할 것을 생각하니 기가 막혔습니다. 궁리 끝에 다 짓지도 않은 성당을 300조각으로 나누어 가정방문을 하면서 1/300씩 나누어 줄 계획을 세웠습니다. 교우들에게 절대로 돈 이야기를 하지 않겠다고 그렇게도 다짐했건만 결국엔 교우들에게 부담을 떠안기게 될 것을 생각하니 마음이 착잡해졌습니다. 8월 한 달 동안 계획을 세우고 수녀님과 작전을 짠 다음 전쟁터에 나가는 비장한 심정으로 9월을 맞이했습니다. 그런데 달이 바뀌자마자 정말 뜻밖의 생각이 떠올랐습니다. 좋은 느낌을 살려서 순식간에 기도문을 만들었습니다.

좋으신 하느님 아버지! 신앙의 성숙을 위해 성전 신축을 마련해 주시어 감사드립니다. 저희는 새 성전에서 미사참례할 날을 마음 설레며 기다리고 있습니다.

하지만 새 성당이 쑥쑥 올라가는 모습을 보면서 마음이 편하지만은 않습니다. 아버지께서 하시는 일에 정성을 다하고 싶지만 저는 그리 넉넉한 편이 못 됩니다. 마음으로는 십자가도, 제대도, 성모상도 봉헌하고 싶지만 제게는 돈이 부족합니다.

믿음으로 구하는 이의 기도를 들어주시는 하느님, 저는 성전 신축에 (   )만 원을 봉헌하고 싶습니다. 마음으로만이 아니라 실제로 봉헌할 수 있도록 은총을 허락해 주십시오.

말씀으로 우주만물을 창조하신 하느님, 한 말씀만 해 주십시오. 주님께서 하시는 일은 안 되는 일이 없다는 것을 깊이 체험하고 싶습니다.

이 일을 계기로 기쁘게 신앙생활을 하게 해 주소서.

당신의 아들, 딸 (   ) 올림.

9월 4일, 주일미사 때에 혼신의 힘을 다하여 강론을 했습니다.

"내 형편을 따져서 얼마를 내겠다고 약정하는 것이 아닙니다. 내 형편에 상관없이 하고 싶은 마음을 봉헌하십시오. 5천만 원, 1억 원을 봉헌하게 해 달라고 하느님께 기도하십시오. 돈만 채워 주시지 말고 신앙도 함께 채워 주시길 기도하십시오. 하느님을 시험하는 것이 아니라 내 신앙을 시험해 봅시다. 2년 동안 한마음으로 기도합시다. 새 부대에는 새 술을 담으라 했는데 마음조차 봉헌하지 못하고, 기도조차 하지 못한다면 새 성당에는 얼씬도 하지 마십시오."

봉헌 시간에 교우들에게 기도문을 한 장씩 나누어 주었습니다. 미사 끝에 함께 기도할 때에는 특히 괄호 안의 구체적인 금액을 큰 소리로 이야기할 때까지 몇 번이고 다시 하였습니다. 그날 이후 저는 걱정거리가 하나 생겼습니다. 그 걱정만 하면 실없이 웃음이 나오는 희한한 걱정이었습니다. '우리 교우들이 작정하고 기도하는 금액이 너무 많으면 어떡하지? 이러다가 돈이 남는 것은 아녀?'

9월 25일, 본당의 날에 기도문을 모두 모았습니다. 모두 70억 원이었습니다. 모은 기도문을 단단히 묶어서 제대 위에 올려놓으며 교우들에게 말하였습니다.

"이 기도문이 우리 성당을 지을 힘이고 여러분의 새 성당 입장권입니다. 새 성당이 지어지면 새 제대 안에 우리의 이 기도문을 보관할 것입니다. 그날이 올 때까지 이 제대 위에 기도문을 올려놓고 매 미사 때마다 함께 기도합시다."

한 달이 지났습니다. 개인 통장에 절대로 2백만 원은 넘기지 않겠다고 다짐하고 재산을 정리했는데 그 한 달 사이에 2천5백만 원이 채워졌습니다. 참, 이런 걸 어떻게 설명해야 할지….

그대들이 있어 나는 행복합니다

신부에게 교우들이 미사에 많이 나오는 것보다 신나는 일이 또 어디 있겠습니까? 당연히 교우들이 얼마 없는 썰렁한 미사는 기운이 빠집니다. 그러나 팽성에서 저는 그런 걱정을 한 번도 해 본 적이 없습니다. 매월 첫 금요일이면 기분이 좋아집니다. 좋다 못해 아주 신바람이 납니다. 평일인데도 주일미사처럼 교우들이 많이 오니 제가 무당 굿할 맛 난다고 입버릇처럼 말하는 것은 괜한 소리가 아닙니다.

2003년 겨울 판공 때 구역을 방문하면서 각 구역별로 12명의 사도를 선발하라고 하였습니다. 12사도의 임무는 본당신부의 지향대로 매일 묵주기도를 하고 매월 첫 금요일 미사에 참례하는 것입니다. 이듬해 1월 첫 금요일에 24개 구역 288명의 12사도들이 처음으로 성당에 모였습니다. 저는 '팽성성당 12사도'라고 새겨진 묵주를 선물하였습니다. 그리고 미사를 드리면서 예수님께서 성 마르가리타 마리아에게 발현하시어 약속하신 내용을 일러 드렸습니다.

"나는 내 성심의 한없는 자비로 약속하니, 9개월 간 연이어 매달 첫 금요일에 영성체하는 이에게 내 전능한 사랑은 마지막 통회의 은총을 주어, 그들이 불행히도 성사 받지 못하고 죽는 일이 없게 하겠다. 나의 성심은 마지막에 그들의 든든한 피난처가 되겠다."

주님의 약속은 죽을 때 병자성사를 받게 해 주겠다는 것인데 마지막 병자성사에는 전대사의 특전이 있으니 매우 큰 축복입니다. 그러나 그 전대사의 은총이 목적이 아니라 저는 팽성에서 사목목표를 달성하기 위한 최고의 영적 호위병을 만들고 싶었습니다.

첫 금요일 미사에는 더욱 강론준비를 철저히 하였습니다. 또한 12사도를 튼튼히 영적 무장을 시키기 위해 모두를 데리고 성지순례를 다녀오기도 하였습니다. 대부분의 12사도들이 1년 동안 한 번도 12사도 미사에 빠지지 않았습니다. 주일미사 참례자의 30%가 자부심을 지닌 12사도이니 저는 마음이 든든합니다.

2005년 1월 첫 금요일 미사 때 성당 안에 '그대들이 있어 나는 행복합니다'라고 적힌 현수막을 걸었습니다. 보탬이 없는 저의 마음이었습니다. 그리고 12사도들에게 기도할 때 쓰라고 역시 같은 문구가 적힌 초를 선물하였습니다. 12사도들에 대한 고마움을 초 한 자루로 갚을 수는 없지만 사랑하는 교우들은 그 작은 초에도 고맙다고 난리였습니다.

'아, 신부 생활 할 맛 난다.'

이곳 팽성에서, 저는 두 마리 토끼를 잡으려고 합니다.

하나는 훌륭한 성당을 지어 하느님께 기쁘게 봉헌하는 것입니다. 하룻강아지 범 무서운 줄 모른다고 했는데 쥐뿔도 모르는 초보신부가 성당을 짓겠다고 설쳐 대니 사실 교우들은 불안했을 것입니다. 더군다나 첫 출발은 방향도 못 잡고 엉망이었습니다. 비실비실 꼭 쓰러질 것만 같은 팽이를 살려 준 고마운 채찍이 바로 12사도였습니다. 지금은 하느님께서 기뻐하실 성당을 지을 수 있다는 확신을 저만 갖고 있는 것이 아닙니다. 새 성당은 12사도를 비롯한 우리 모든 교우들의 이름으로 이루 말할 수 없는 경외심과 숭고한 기쁨으로 하느님께 봉헌될 것입니다.

다른 하나는 우리 교우들이 주일미사에 50%이상 참례하는 것입니다. 그동안 성당을 짓는데도 교우들이 늘어 신이 났지만 마지막 2%를 채우기가 참으로 힘들었습니다. 하지만 12사도들이 한 사람씩만 책임지면 틀림없이 성공할 수 있는 일이니 낙관합니다. 저도 이 목표를 달성하여 주님께 기쁨을 드리기 위해 묵주기도를 20단씩 바치고 있습니다.

얼마 후면 벽돌 색, 등 위치 하나에도 사연과 신비가 담겨 있는 성당을 하느님께 기쁘게 봉헌할 수 있을 것입니다. 또한 그렇게 지어진 성당에 우리 교우들이 콧노래를 흥얼거리며 성당에 왔다가 어깨춤을 추며 집으로 돌아갈 것입니다.

저는 두 마리 토끼를 다 잡을 것입니다.

'성당은 하느님의 집이니 최고의 것으로 지어야 한다'고 가르쳐 주신 김영배 요한 신부님을 모시고 상량식을 거행했습니다.
죽으면 하느님께서 내 손만이라도 가져가실 것이라고 하신 신부님은 2024년 성모성월에 하늘로 돌아가셨습니다.

작업실 방문

성지순례를 다닌 지도 3년째입니다. 한 달에 한 번씩 다녔으니 수원교구는 물론 이 근방의 성지는 모두 순례하였습니다. 그러나 가장 가까운 곳에, 가장 소중한 성지를 아껴 두었습니다. 바로 안성성당입니다. 성당이 들어선 곳이면 모두가 성스러운 땅이지만 저와 우리 교우들에게는 안성성당이 특별합니다. 본당신부의 고향성당이어서만이 아닙니다. 여기엔 특별한 사연이 있습니다.

애초에 지으려던 교육관 설계가 거의 다 되어 갈 무렵 저는 교육관을 포기하고 성당 신축으로 방향을 바꾸었습니다. 함께 고생한 건축사에게는 그동안의 불면의 밤들이 물거품으로 돌아갈 상황이었습니다. 그러나 건축사는 교육관이 아닌 성당을 짓고 싶다는 저의 제안에 무조건 따라주었습니다. 고마운 그에게 성당설계를 의뢰했습니다. 얼마 후 그가 초안을 그려왔습니다. 의아했습니다. 그에게 안성성당을 아느냐고 물어볼 수밖에 없었습니다. 그가 그려온 도면에는 제가 세례를 받고 첫영성체를 하고 신학생시절을 보내고 신부가 되어 첫미사를 드린 고향성당이 그려져 있었기 때문이었습니다. 그는 예전부터 건축해 보고 싶던 성당이라고 했습니다. 웃음이 나왔습니다. "최 소장님, 우리 이대로 합시다."

그로부터 일 년 반이 지나 교우들과 새 성당의 모태인 안성성당을 방문하게 된 것입니다. 따지고 보면 우리 성당이 평택성당에서 분가했고 평택성당은 안성성당에서 분가했으니 안성성당은 우리 성당의 뿌리입니다. 안성성당에서 미사와 순례를 마치고 근처 식당에서 점심으로 갈비탕을 먹었습니다. 맛있게 먹고 계산대에 가 보니 고마운 갈비탕이었습니다. 고향성당의 서종엽 신부님이 음식값을 내주셨습니다. 하여간 요즘엔 돈이라면 넙죽넙죽 체면을 따지지 않습니다.

버스에 올라 미리내로 향하였습니다. 성예술가들의 작업실을 찾아가서 기도하기 위해서입니다. 먼저 제대를 조각하는 한진섭 작가의 작업실을 찾았습니다. 제대가 이미 꼴을 갖추고 있었고 의자가 다듬어지고 있는 중이었습니다.

작가는 이렇게 작업실까지 찾아와서 기도해 주는 본당은 대한민국에 없을 것이라며 소년 같은 웃음으로 맞아 주었습니다. 불교와 불국사 이야기를 꺼내는 그에게서 국보급의 제대를 만들겠다는 의욕이 싱싱했습니다. 기분이 너무 좋아 교우들과 함께 "선생님, 화이팅!" 하며 박수를 쳤습니다.

도자기 벽화를 맡은 변승훈 작가의 작업실로 건너갔습니다. 환한 너털웃음으로 우리 교우를 맞아 주는 그가 듬직했습니다. 작업실에 빽빽이 모인 교우들은 작업에 대한 설명을 들었습니다. 어쩜 이렇게 화기애애할까? 모두가 오래전부터 알아 온 사람들 같았습니다. 우리 교우들은 언제부터 작가를 알았다고 집안까지 샅샅이 살펴보았습니다. 물론 집주인인 작가가 들어와 보라고는 했지만 그 많은 사람들이 들락거리니 죄송했습니다. 그래도 작가는 웃고만 있었습니다.

바로 아랫동네의 십자가를 맡은 서보원 작가의 작업실에 들렀습니다. 쇳물을 부어 주물공정을 하는 그의 작업이 얼마나 고될지가 느껴졌습니다. 그곳에서 만들어질 십자가에 주님의 사랑과 생명이 담아지기를 기도하였습니다. 뒤늦게 스테인드글라스를 담당한 김남용 작가가 도착했습니다. 바쁜 일정이 있다더니 기어코 달려왔습니다.

흔히 예술가라 하면 까다롭다고 생각하는데 우리 성당의 작가들은 농사꾼, 나무꾼, 대장장이처럼 친근합니다. 제가 인복이 터졌음에 틀림이 없습니다. 14처에도, 제대에도, 도자기벽화에도, 십자고상에도, 스테인드글라스에도 다 신비스런 사연들이 담겨있으니 과연 어떤 성당이 태어날지 궁금합니다. 성당이 다 지어지면 저는 작가들의 손을 찍어 간직하렵니다. 하느님의 도구였던 그 귀한 손을 말입니다.

입당 미사

그것 보세요, 이제 미사에 빨리 오지 않으면 자리가 없다고 했잖아요. 예쁜 옷들 입고 오라고 했더니 한복을 입고 오신 분들이 많으시네요. 도자기 벽화하고도 아주 잘 어울립니다. 성당 입구에 머릿돌 보셨지요? 천당같은 우리성당! 우리 교우들이 투표한 1번 글씨체로 새겼습니다. 날짜도 새겨야 하는데 그건 나중에 성당 봉헌식 날짜를 새겨야 하니까 빈 공간으로 남겨 놓았습니다.

미사를 드리는 지금도 꿈만 같습니다. 드디어 새 성당 새 제대 위에서 미사성제를 올리게 된다는 것을 생각하니 마음이 두근거려 잠이 오질 않았습니다. 오죽하면 제가 지금 제대보를 덮지 않고 미사를 드리겠습니까?

성당에 들어오면 높은 천장이 시원하게 솟아 있습니다. 공사비가 많이 든다, 냉난방 효율이 떨어진다고 걱정하지만 저는 그것과는 비교할 수 없는 중요한 의미가 있다고 확신해 왔습니다.

제가 버릇처럼 말씀드렸지만 성당은 사람을 위한 공간이기도 하지만 그보다 먼저 하느님의 영역입니다. 그래서 성당은 하느님의 위엄과 영광이 가득 찬 모습이어야 합니다. 또 사람의 입장에서는 우리의 기도가 하느님께로 높이 올라가는 모습을 상징하기도 합니다. 구약의 바벨탑과 대비되는 신앙의 탑이 성당이잖아요. 돈이 조금 더 들어가면 어떻고, 조금 춥고 더우면 어때요? 그렇죠? 그리고 실제로 그렇게 덥지도 않잖아요.

높은 성당은 설계 초기부터 제가 건축사에게 요구했어요. 그러다 보니 자연히 지붕은 경사도가 높아졌습니다. 그러나 성당의 공간이 그만큼 넓어지다 보니 소리가 울리는 단점이 생겼습니다. 어떤 분들은 14처 그림이 붙는 곳이라고들 하는데 성당 벽의 네모진 공간이 바로 소리가 반사되지 않도록 하는 흡음판입니다. 그리고 성당 뒤와 성가대 양옆과 뒤 모두가 흡음판입니다. 여러 차례 연구도 하고 실험도 했는데 실제로 시공하고 나니 생각보다 소리의 울림이 오래 살아 있습니다. 비용도 많이 들고 신경도 많이 썼는데 결과가 신통치 않아 속이 상합니다. 하지만 불편함이 없도록 잡아가겠습니다.

하여간 오늘 이렇게 아무도 다치지 않고 입당 미사를 드리게 된 것에 하느님께 감사드립니다. 일일이 소개할 수 없는 많은 은인들에게도 고맙고, 우리 교우들에게 특별히 고맙습니다. 하지만 아직도 우리는 가야 할 길이 많습니다. 14처 성화와 성당문, 십자가와 성체조배실도 남았습니다.

열심히 달리자구요.

그때 그 노래!

성당건축을 준비하면서 보청기를 낀 어르신들이 '우리도 강론을 듣고 싶어요'라고 하셨을 때 어떻게 해야 할지 난감했습니다. 그러나 이제는 그동안 무표정했던 어르신들이 여느 사람보다 더 신나게 웃으며 미사를 드립니다. 왼쪽 6열의 좌석에 난청자를 위한 시설이 마련되었거든요. 엊그제 성당 천장에 큰 등을 네 개 달았습니다. 워낙 높은 곳이라 등 교체 문제로 처음 설계 때부터 애를 먹었는데 드디어 마무리가 되었습니다. 전동 장치가 안에 들어 있어서 등이 밑에까지 내려옵니다. 앞에 있는 감실, 어디서 많이 보던 것이지요? 구 성당에 있던 감실입니다. 조만간 앞면에 성체 모양의 도자기를 붙일 것입니다.

제가 몇 달 전에 끝내 주는 성악가가 있다고 했지요? 사람의 혼을 뒤흔들어 놓는 진짜 노래를 부른다고 했지요? 누구죠? 그래요, 김청자 아녜스 선생입니다. 7년 전 그분의 노래를 들은 적이 있는데 감동의 노래도 노래거니와 선생의 눈이 반짝반짝 빛나는 것을 보았습니다. 하느님께서 당신의 목자이고 연인이심을 많은 이들 앞에서 노래로 고백함을 느꼈습니다. 아무리 얘기해야 무슨 소용입니까? 직접 들어 봐야 합니다. 그래서 성당 지으면 꼭 모시겠다고 약속했잖아요? 어제 양지성당에 장례미사를 갔다가 먼 발치에서 선생을 발견했습니다. 얼마나 반갑던지요. 즉시 달려가 부탁드렸습니다.

"선생님! 제가 7년 전에 선생님 노래를 듣고서는 아직도 잊지 못하고 있습니다. 새 성당을 마련했어요. 그때 그 노래, '주님은 나의 목자'를 우리 교우들에게도 들려주세요."

"네, 11월에 가겠습니다."

이럴 수가! 처음 만난 신부가 노래를 불러 달라는데도 아무 일도 아니라는 듯 초대에 응했습니다. 제가 또 감동했습니다. '이런 일이 이렇게 쉽게도 이루어지는구나. 역시 좋은 의도를 갖고 하느님께 청하면 정말 다 되는구나. 하느님 감사합니다.' 우리가 성당을 지으면서 어디 이런 일이 한두 번이어야지요. 이제 적응이 될 만도 한데 매번 이런 일이 있을 때마다 저는 혼자서 감동으로 찡해집니다. 역시 하느님의 선물은 늘 100점입니다.

선생의 노래를 들으면 자꾸만 눈물이 납니다. 기쁜 노래를 들어도, 슬픈 노래를 들어도 똑같습니다. 선생의 목소리에는 감동을 일으키는 은총이 있습니다.
선생의 집에 기도방이 있는 것을 보니 목소리를 관리하기보다 은총을 관리하는 데에 더 노력하는 것이 틀림없습니다.
선생은 한예종 교수직을 마치고 아프리카로 떠나 13년 동안 봉사했습니다.

천당같은 우리성당

늦은 오후 마당에서 성당과 마주 대하면 참 좋습니다. 종탑에 붙인 도자기 벽화가 햇볕으로 반짝이는 모습이 아름답기 때문입니다. 성당 주변을 한 바퀴 돌면서 잔디가 목마르지는 않은지, 나무가 아프지는 않은지를 살피는 일도 즐겁습니다. 공사가 진행되던 때에는 어림없는 일이었습니다. 그때엔 놀고 있는 인부, 쪼끔 어긋난 벽돌만 눈에 들어왔으니 말입니다.

사제관 뒤 공터 자리에 이렇게 훌륭한 성당이 우뚝 솟아 있으니 믿어지지가 않습니다. 교우들이 집에서 흙을 담아 와 제단이 놓여질 자리에 봉헌했던 기공식이 정말로 얼마 안 된 것 같아서 말입니다. 그동안 있었던 일들을 생각하면 절로 미소가 지어집니다.

한창 설계 중이던 어느 날 형, 색, 음, 빛으로 하느님을 담아낸 것이 성당이라는 생각이 들었습니다. 개집도 지어 보지 않았으니 건축은 아무것도 모르고, 예술적 재능도 영 신통치 않은 제게는 스스로도 놀랄 만한 발상이었으니 하느님께서 주신 통찰력이 분명했습니다. 실제로도 그런 작품들이 눈에 들어오게 되었습니다. 그때마다 무슨 용기가 났는지 안면도 없는 작가들을 만나러 나섰습니다. 우리 성당에 필요한 작가라는 판단이 서면 그들을 만나기 전에 먼저 교우들에게 기도해 줄 것을 부탁했습니다. 아직 땅도 파지 않았는데 그림 타령하는 신부가 어떻게 비춰졌을지 모르겠지만 암튼 분명한 것은 우리가 함께 기도해서 이뤄지지 않은 적이 단 한 번도 없었다는 점입니다. 설마 하고 긁다 보니 복권에 연속으로 당첨된 기분이랄까? 한두 번이면 우연이라 할 수 있겠지만 하는 일마다 척척 이루어지니 너무도 신비로웠습니다. 작가들과는 금방 맘도 통하고 정도 통했습니다. 작품에 반해 작가를 만나고 나니 그런 사람이 아니면 그런 작품이 나올 수 없다는 것을 알게 되었습니다. 좋은 사람들을 알게 되어 즐거웠습니다.

그러나 그 좋은 기분이 그리 오래가지는 않았습니다. 작품 값을 알게 된 순간, 가슴이 오그라들었기 때문입니다. 건축을 시작하면서 돈 걱정은 하느님께 맡기겠다고 큰소리를 쳤지만 금방 새 가슴이 탄로가 났습니다. 작가 선택을 잘못했다고 후회하지는 않았지만 사실 걱정은 되었습니다. 일을 저질러 놓았는데 앞이 막막했습니다. 하지만 그로 인해 더욱 놀라운 일들을 만나게 되었습니다. 그 어려울 때 필요한 돈과 사람이 생겨났습니다. 어떤 작가는 아예 작품을 기증하겠다고 했습니다. 하느님께서는 정말 돈 걱정을 안 하게 해 주셨습니다.

성당을 새로 짓기로 결정하면서 교우들에게도 약속한 것이 있습니다. 돈 이야기는 절대 안 하겠다는 것입니다. 단 봉헌하고 싶은 액수는 적어 내라고 했습니다. 지금도 미사시간이면 그 액수가 들어간 기도문을 읽습니다. 말씀으로 우주만물도 창조하신 분이시니 1천만 원을, 1억 원을 봉헌하게 해 달라는 내용입니다. 처음에 그 기도를 할 때에는 봉헌하고 싶은 액수 부분에서 하나같이 목소리가 작았는데 이제는 모두가 씩씩합니다. 하느님께서 하시는 일은 안 되는 일이 없다는 것을 깊이 체험했기 때문입니다.

성당은 완공되었지만 빚이 많이 생겼습니다. 하지만 별 걱정은 안 됩니다. 빚 힘에 산다는 말도 있으니까요. 여기까지 오니 사연 하나하나마다 하느님께서 미리 마련해 놓으시고 기다리고 계셨음을 알게 되었습니다. 그런 사연들로 이루어진 성당이니 쳐다만 보아도 좋고 들어가면 더욱 좋습니다. 그래서 아예 성당 머릿돌을 '천당같은 우리성당'이라고 새겼습니다.

성당 건축을 하면서 행복했고 지금도 행복합니다. 교우들은 눈에 보이게 저를 사랑하고 존경해 줍니다. 저도 우리 교우들을 사랑하고 하느님을 사랑합니다. 이 모두가 성당을 지은 결과입니다.

회상

　시몬이 예수님을 도와 십자가를 진 5처가 마지막으로 성당 벽에 걸렸습니다. 드디어 성당이 완성되는 것을 보면서 온몸에서 기운이 빠져나갔습니다. 2006년 12월 24일 새벽 5시, 아직 날이 밝기 전이었습니다.

2005년 1월 5일, 저는 그날을 잊을 수가 없습니다. 한창 성당 설계 중이던 시기라서 매주 수요일이면 서울의 건축사무소로 올라갔습니다. 그날은 건축사와 만나기 전 출판사에 잠시 들렀는데 십자가의 길을 그린 그림을 보았습니다. 운동이라면 모를까 그림에는 별 소질이 없는데 그 그림은 저를 뒤흔들었습니다. 들뜬 마음은 도무지 가라앉지 않았습니다.

그러나 일을 마치고 팽성으로 내려오는 길에 아버지의 임종 소식을 들었습니다. 이해할 수가 없었습니다. 그동안 매일같이 고향 집으로 가서 암투병중인 아버지와 미사를 드려왔습니다. 언젠가는 돌아가실 줄 알았지만 어제 뵌 아버지의 그 맑은 눈빛에서 죽음이 다가왔다는 것을 전혀 느낄 수 없었습니다. 그런데 그것이 하느님께 봉헌될 준비였다니….

장례미사를 드리고 아버지를 선산에 모시면서 이를 악물었습니다. 그러고는 주저함 없이 팽성으로 돌아왔습니다. 슬픔을 억누르느라 기진맥진했지만 아버지를 위해서라도 훌륭한 성당을 지어야만 했습니다. 지금도 아버지께서 신부인 아들에게 걸림돌이 되지 않으시려 일찍 가셨다고 생각하고 있습니다.

아버지의 삼우를 지내자마자 다음날 새벽에 그 그림이 있다는 광주 신학교로 떠났습니다. 초행길이라 어리둥절 헤맨 끝에 점심이 되어서야 도착할 수 있었습니다. 식사 중인 직원에게 실례를 무릎쓰고 성당 문을 열어 달라고 부탁했습니다. 성당 문을 여는데 긴장이 되어 손에 땀이 났습니다. 제단 앞에 무릎 꿇어 기도했습니다. '하느님, 저에게 그림을 볼 수 있는 눈을 주십시오.' 14점의 그림이 눈 앞에 찬찬히 펼쳐졌습니다. 예수님을 그린 그림이라기보다는 예수님께서 그 그림 속에서 고개 숙여 사형선고를 받고 계셨고, 성모님을 만나고 계셨고, 십자가에 못 박히셨고, 돌아가시어 묻히셨습니다.

성당으로 돌아온 그날 저녁미사 때 교우들에게 부탁했습니다.
"새로 지어질 성당에 꼭 필요한 그림이 있습니다. 이 그림을 꼭 걸어야겠습니다. 함께 기도해 주십시오. 화가의 이름은 이종상 요셉입니다. 이런 시골 성당에 그림을 그려 주실지 모르겠습니다. 더군다나 저는 돈도 없습니다. 그러니까 아주 열심히 기도해 주셔야 합니다."

그리고 그날 밤 선생에게 편지를 썼습니다. 알지 못하는 처지인지라 말로는 제 심정을 전달할 자신이 없었기 때문입니다.

> 이종상 요셉 선생님, 안녕하신지요? 저는 수원교구 팽성본당의 이재웅 다미아노 신부입니다. 오늘 저는 선생님의 아들과도 같은 성화를 보았습니다.
> 신부가 교우들을 어찌 사랑하지 않겠습니까? 제 나이 비록 어

리나 교우들을 자식 같은 사랑으로 대하려 노력은 합니다. 자기 자녀에게 좋은 것이 있다면, 꼭 필요한 보약이 있다면 만사를 제쳐 놓고 전답을 팔아서라도 해 먹여야 마음이 편하지 않겠습니까? 저를 위해서도 아닙니다. 이종상 선생의 작품을 건 성당이라고 자랑하고 싶어서는 더더욱 아닙니다. 제가 그 성화를 보면서 느낀 그 감정, 훔쳐 오고 싶었던 그 성화를 우리 교우들이 성당에 올 때마다 볼 수 있게 해 주고 싶습니다.

감히 선생님께 청합니다. 곧 날이 풀리면 성당 기공식을 할 예정입니다. 아마도 내년 초여름이 되면 성당에서 미사성제를 올릴 수 있을 것입니다. 새로 지어질 성당에 선생님의 성화를 모실 수 있도록 청을 드립니다.

은총 중에 평안하십시오.

하느님께 기도드리며

이재웅 신부 올림

선생에게 편지를 올리고 나서 마음 졸이며 하루하루를 지냈습니다. 성당 설계는 이미 머릿속에서 떠난 지 오래고 오직 그림 타령만 했습니다. 교우들과 얘기할 때에도 14처! 미사시간에도 14처! 밥 먹을 때에도 14처! 온통 14처 생각뿐이었습니다. 인간적인 판단에서야 될 리가 없었지만 하느님께서 하시는 일이라면 안 될 리도 없다고 생각했습니다.

며칠 후,

　　+찬미예수님!

　"그림은 眼目안목의 直經직경만큼만 보인다." 하였으니, "肉眼육안으로는 應身응신이 보이고, 心眼심안으로는 法身법신이 보인다." 하였습니다.

　"사람은 평생 동안 눈을 뜨고 반, 눈을 감고 반을 산다." 하였으니, "뜬 눈으로 밖을 살펴 事物사물의 理致이치를 깨닫고, 감은 눈으로 안을 살펴 靈魂영혼을 밝힌다." 하였습니다.

　"진정한 聖美術성미술은 빛의 祈禱기도"라고 하였으니, "聖畵성화는 恩寵은총 받은 사람들에게 믿음의 水面수면에 비친 聖靈성령의 그림자"라고 하였습니다.

　팽성본당의 敎友교우님들은 마르지 않는 샘에 引導인도되어 참빛의 祈禱기도로써 참聖畵성화를 얻게 되실 것을 믿습니다. 믿음의 水面수면 위에 潺潺잔잔한 感動감동은 地震지진과 海溢해일보다 더 큰 힘을 갖습니다. 부디 하느님께서 마음에 드시도록 素朴소박하지만 靈性영성이 깊은 信仰신앙의 못자리를 만들어 주소서.

　　　　팽성본당의 기도가 나의 기도와 하나 되길 빌며
　　　　2005년 1월 15일 새벽녘에 이종상 요셉 올림

하느님의 섭리하심이 감동으로 저를 휘감았습니다. 더군다나 선생은 그림을 기증하겠다고 했습니다. 그리고 우연의 일치인지 몰라도 그날은 제가 사제로 서품된 날이었습니다. 기쁨보다는 놀라움이 앞섰습니다.

얼마 되지 않아 그림의 사연을 알게 되었습니다. 원래 선생은 신앙인이 아니었습니다. 오히려 일요일 아침만 되면 슬그머니 어디론가 빠져나갔다 오는 제자들을 싫어했습니다. 가뜩이나 그림 그리기에도 시간이 부족한데 성경을 옆에 끼고 성당이나 교회에 다녀오는 제자들을 한심하게 여겼습니다. 그러나 제자이기도 한 딸의 죽음으로 선생은 큰 변화를 겪었습니다. 허무하게 재로 변한 딸을 아비의 손으로 꽁꽁 언 강에 뿌려야 했습니다. 그런데 바로 그 얼음구덩에서 불기둥이 하늘로 올라가는 놀라운 기적을 경험하게 되었고, 이어지는 신비한 영적 체험들을 통해 딸이 다니던 혜화동성당으로 인도되었습니다. 선생은 그 후로 하느님께 완전히 사로잡힌 사람이 되었습니다.

선생은 보지 않고 믿는 사람은 행복하다고 했거늘 당신이 너무 고집이 센 죄인이라 딸을 데려가시고 나서야 하느님께 무릎을 꿇게 되었노라고 고백했습니다. 그 14처의 그림에는 딸의 죽음을 통해서야 비로소 만나게 된 예수님의 모습이 담겨 있다고 했습니다. 그 그림을 저는 아버지가 돌아가신 날 만났던 것입니다. 그제서야 그 그림의 숙제를 풀 수 있었습니다.

선생과 가까워지면서 자주 말과 글로써 대화를 하곤 했는데 그때마다 참 신이 났습니다. 선생을 통해 새로운 세계가 열렸기 때문입니다. 선생은 저에게 "그림은 그리는 것이 아니라 그려지는 것입니다." "화가는 단지 하느님께 손을 빌려 드릴 뿐입니다."라고 가르쳐 주었습니다. 그 말을 통해 미술과 성미술의 차이를 분명히 알게 되었습니다.

 선생은 그림을 봉헌하는 대신 부탁이 한 가지 있다고 했습니다. 훌륭한 성당을 지어 달라고 했습니다. 한진섭이란 작가에게 성미술 감독을 맡기면 잘할 수 있을 것이라고 했습니다. '이게 웬일인가?' 싶었습니다. 그는 제대를 부탁하리라고 전부터 마음을 먹고 있던 작가였기 때문입니다.

 한진섭 요셉 작가의 작업실을 찾아가서 새로 지을 성당에 제대를 조각해 줄 것을 부탁했지만 그는 선뜻 응하지 않았습니다. 팽성이라는, 이름도 생소한 시골 본당의 젊은 신부가 다짜고짜 제대를 만들어 달라고 찾아왔으니 섣불리 대답하기가 어려웠을 것입니다. 그러나 이종상 선생의 그림이 들어온다는 이야기를 꺼내자 그렇다면 하겠다고 했습니다. 이종상 선생의 존재가 고마웠습니다.

 작가에게 미사를 드리고 싶은 제대를 설명했습니다. 성체성사가 이루어지는 제대는 예수님의 살과 피의 색을 닮은 돌로 조각해 주기를 바랐습니다. 이야기를 들은 그가 작업장에서 '임페리얼 레드'라며 원석 쪼가리를 하나 들고 나왔는데 맘에 쏙 들었습니다. "이걸로 합시다. 이거."

그러나 심각한 문제가 숨어 있을 줄은 몰랐습니다. 제대를 만드는 데 생각한 액수가 4천만 원인데 돌 값만 그 이상이 될 수 있다는 것입니다. 더군다나 그 돌이 우리나라에서는 생산되지 않으니 본인도 찾겠지만 저도 구해 보라는 것이었습니다. 막막했지만 일단 시도는 해 보자는 마음으로 무역업을 하는 교우에게 임페리얼 레드라는 돌이 있으니 알아보라고 부탁했습니다. 며칠 후 연락이 왔는데 이태리 현지 가격이라고 알려 준 것이 6천만 원이었습니다. 인간적인 나와 신앙적인 나 사이에 매일 설전이 오갔습니다.

'누가 돈을 낼 것인데?'

'내가 모은 돈으로 하면 되지.'

'하지만 이렇게까지 사치스럽게 할 필요가 있냐?'

'사치는 무슨, 하느님께 최고의 것을 해 드려야지.'

결국 감당할 수 없는 가격 때문에 포기하고 말았습니다. 미사 강론 중에 함께 기도해 온 교우들에게 허탈한 마음으로 임페리얼 레드를 포기했다고 말하려 했습니다. 그러나 강론을 하면서는 저도 모르게 절대로 포기 못 한다고 침을 튀기며 얘기하고 말았습니다. 정말로 포기할 수 없었습니다. 타협할 수도 없었습니다. 아프리칸 레드라는 돌도 있었는데 생각하기도 싫었습니다. 그만큼 제대의 의미에 대해 확신을 갖고 있었고 임페리얼 레드가 아니면 안 되었습니다. 작가에게 얻은 원석 쪼가리를 반으로 갈라서 하나는 아예 제대 위에 올려놓고 매일 미사 때마다 기도했습니다. 그리고 다른 하나는 들고 다니면서 매일 돌 타령만 했습니다. 저에겐 그토록 절실했습니다.

그러던 중 엉뚱한 일이 벌어졌습니다. 우리 공사 현장의 안채준 감독관이 우연히 자기 아파트에서 내려다본 돌공장에서 제가 들고 다니는 돌과 똑같은 돌을 봤답니다. 바로 공장에 내려가 커다란 원석을 확인하고는 사겠다고 했더니 "이 돌이 얼마짜리인지나 아냐? 그리고 돈 있어도 안 판다."는 핀잔만 듣고 왔다는 겁니다. 감독관에게 다시 한번 찾아가서 '제대를 만들 돌'이라 말하고 사정해 보라고 부탁했습니다.

이게 어찌된 일입니까? 하루만에 생각을 바꿔 팔겠다는 겁니다. 알고 보니 그럴 만한 이유가 있었습니다. 그 사장은 교우가 아니라고 했습니다. 하지만 얼마 전 장인어른의 장례미사에서 깊은 감명을 받았답니다. 그런 차에 성당 제대를 만들겠다고 찾아왔으니 천오백만 원에 팔겠다는 것이었습니다. 조각에 필요한 좋은 돌들이 모인다는 이태리 석재상을 그렇게 뒤졌건만 오히려 감독관 집 앞에서 이태리보다 훨씬 싼 가격에 돌을 구하다니…. 그의 맘이 바뀔까 봐 그날로 계약을 했습니다.

며칠 후 제대를 만들 작가가 재단을 하러 돌공장에 갔습니다. 저도 원석을 직접 본 적이 없어 궁금했습니다. '과연 돌의 상태가 괜찮은가? 우리가 필요로 하는 크기일까?' 공장에서 작가의 전화가 왔습니다.

"신부님, 팽성성당을 위한 돌입니다. 돌의 크기가 남지도 모자라지도 않습니다. 돌 상태도 아주 좋습니다."

작가가 믿겨지지 않는다며 흥분에 들떠 말했습니다.

"저는 신부님이 이 돌을 선택하셨을 때 너무 비싸서 걱정을 했는데 참 좋은 돌을 구해 주셨습니다. 하느님께서 도와주시는 것이 틀림없습니다. 최선을 다해 국보급의 제대를 만들겠습니다."

만일 돈 때문에 포기했더라면 돌을 절대로 만날 수 없었을 것이며 아마도 평생 아쉬워하며 살았을 것입니다.

신비스러운 일은 여기서 끝이 아니었습니다. 예전에 우리 지역에 있는 SPC그룹의 파리바게뜨 공장을 축복한 일이 있었습니다.

"정성을 담으면 육신의 허기짐뿐만 아니라 영혼의 허기짐도 채울 수 있을 것입니다. 파리바게뜨가 육신의 양식인 빵을 만들 듯 사제인 저도 생명의 양식인 성체를 축성합니다. 우린 비슷한 일을 하고 있습니다."라고 말해 관계자들과 웃었던 적이 있었습니다. 새 성당을 짓자 그 그룹의 회장 부부가 제대와 독서대, 해설대, 사제와 복사 의자, 주수상의 비용을 모두 부담해 주었습니다. 우리 성당 제대는 이렇게 아주 좋은 돌을, 너무나 훌륭한 조각가가, 가장 큰 빵 공장 주인의 봉헌으로 이루어졌습니다.

한진섭 작가에게 제대 뒷벽을 도자기 벽화로 하고 싶다고 했습니다. 하지만 그는 다른 성당들을 소개하면서 여러 가지 방법이 있으니 많이 보고 난 후 천천히 결정하자고 했습니다. 그러나 여기저기 다녀 보아도 역시 도자기 벽화로 해야만 한다는 확신만 강해질 뿐이었습니다.

"꼭 도자기로 해야겠습니다. 작가의 연락처를 알려 주십시오."

한 번도 만난 적이 없는 변승훈 베드로 작가에게 전화를 걸었습니다. 그러나 그 역시도 성당 작업에 참여하는 데에는 아주 신중했습니다. 답답했습니다. 혹시 고등학교 선배나 되지 않을까 하는 기대에서 안성 사람인 그에게 저도 고향이 안성이라고 밝

했습니다. 저로서는 마지막 히든 카드였습니다.

"아, 그러세요. 안성 어디지요?"

"보개면입니다."

"보개면 어디요?"

슬슬 짜증이 나서 퉁명스럽게 대답했습니다.

"보개면 양협이요. 그 동네 항아리 공장이 우리 공장입니다."

"네?"

이럴 수가!!! 그는 우리 집안 사정을 너무나 잘 알았습니다. 아버지께서 돌아가신 것도, 동생이 하고 있는 가게도 알고 있었습니다. 더군다나 며칠 전에는 장에서 어머니와도 인사를 나누었다고 했습니다. 그는 우리 집안에 신부가 한 명 있다는 사실도 알았는데 지금 그 신부로부터 전화가 온 것이었습니다. 그에게 벽화를 해 달라는 이야기를 꺼낼 필요가 없었습니다. 이 기막힌 인연만으로도 그는 우리 성당 작업에 꼭 참여해야만 했습니다.

도자기 벽화를 하면서 물과 고기가 만난 것처럼 작가와 마음이 잘 맞았습니다. 제대 뒷벽만이 아니라 성체조배실도 도자기 벽화로 꾸미기로 했습니다. 성체조배실을 고요함 중에 하느님을 만나는 동굴로 만들자고 했더니 그가 우주를 만들자고 했습니다. 그의 대답이 마음에 들었습니다. 동굴이나 우주나 하느님의 영역이기는 마찬가지이기 때문입니다.

"그렇게 합시다."

그는 저의 가려운 곳을 시원하게 긁어 주는 효자손 같고 족집 게 같았습니다. 한번은 성당 안에서 그 호탕한 목소리로 성당 안을 다 도자기 벽화로 하자는 것이 아니겠습니까? 제가 왜 마다하겠습니까? 마음만 굴뚝같았을 뿐이었는데 작가가 먼저 이야기해 주니 1초도 고민하지 않았습니다. "그렇게 합시다." 하지만 그럴수록 일은 점점 늘어났고 그만큼 작가의 고생도 커졌습니다.

십자가를 만든 서보원 가밀로 작가는 한진섭 작가의 소개로 만났습니다. 그에게, 잔인하게 죽임을 당한 주님을 고개 들어 바라볼 수 없어 뉘우침으로 무릎 꿇을 수 있는 십자고상이어야 한다고 했습니다. 지나치게 사실적인 고통의 묘사가 거부감이 있을 수도 있지만 그것이 벗을 위해 목숨을 바치는 것보다 더 큰 사랑은 없다고 말씀하신 주님의 사랑 방법입니다. 십자가형으로 죽은 청년의 모습에 담겨 있는 본질은 크신 주님의 사랑입니다. 그 본질을 십자가의 배경을 이루는 제대 뒷벽에 변승훈 작가가 제대로 드러나게 할 수 있으리라는 확신이 있었습니다. 그래서 제대 뒷벽은 그의 도자기 벽화가 아니면 안 되었던 것입니다. 맨벽에 사실적인 십자고상만 걸려 있으면 사랑은 없고 고통스런 죽음만 존재하는 황량한 곳이 되었을 것입니다.

어느 날 그의 작업실에 가 보니 큰 나무 십자가가 있었습니다. 실제로 예수님의 통증을 느끼고 싶어서 십자가를 만들고는 매달려 보았다고 했습니다. 손을 묶어 매달렸을 뿐인데도 단 1분을 참기 힘들었다고 했습니다. 그에게 고마웠습니다. '우리 교우들이 십자가를 바라보는 것만으로도 예수님의 고통과 사랑을 느낄 수 있겠구나!'라는 생각이 들었습니다.

스테인드글라스를 만들 작가의 선정에는 아주 애를 먹었습니다. 연초에 성미술 작가로 이종상 선생을 처음 만났고, 성당 건축은 오월에 기공식을 해서 연말에 성당의 꼴이 갖추어 가는데도 작가를 찾지 못하였습니다. 그러다가 어느 성당에 좋은 스테인드글라스가 있다는 소식을 듣고 그곳을 찾아갔습니다. 그 스테인드글라스, 아직도 생생합니다. 그동안 성당의 제대도, 십자가도, 도자기 벽화도 모두 예수님의 사랑을 주제로 삼아 왔는데 뭔가 부족한 느낌이 있었습니다. 그런데 스테인드글라스를 보는 순간 그 부족함을 대번에 알아차렸습니다. 바로 작가에게 전화를 했습니다. "선생님의 작품 안에 생명이 살아 있는 것을 보았습니다. 지금 짓고 있는 성당에 예수님의 생명이 깃든 스테인드글라스를 만들어 주십시오."

장수는 자기를 인정해 주는 주군에게 충성을 다한다고 했는데 작가들은 자기 작품을 이해해 주는 사람에게는 심장도 내줄 사람들이었습니다. 김남용 요한 작가와는 그렇게 만났습니다.

설계 때부터 고집스럽게 성당 위쪽의 창을 크게 만들려 했습니다. 아무리 불안정한 구도라고 해도 양보할 수 없는 이유가 있었습니다. 요한복음의 시작에서 세상을 창조하신 말씀이 사람이 되어 오신 예수님께서는 참빛이라고 전하고 있습니다. 예수님께서는 거룩한 변모 때에도 빛으로서의 당신을 제자들에게 보여 주셨고, 사울이 예수님을 처음 뵈었을 때에도 주님께서는 그의 눈을 멀게 한 빛이셨습니다. 그러나 육신의 눈을 멀게 했을 뿐 영혼의 눈을 뜨게 한, 박해자 사울을 사도 바오로로 다시 태어나게 한 참빛이셨습니다. 성당이 하느님의 어전이라면 하느님의 현존 양식인 빛이야 말로 성당을 구성하는 가장 중요한 요소입니다. 사람이 되어 내려오신 말씀은 어둠이 단 한 번도 이겨 보지 못한 참빛이시기에 하늘로부터 성당 안으로 쏟아져 들어와야만 했습니다. 그것이 높이 1.5m, 길이 80m의 큰 창이 성당 위쪽에 생기게 된 이유입니다.

작업이 끝난 뒤 생명이 물결치는 스테인드글라스를 바라보며 작가가 말했습니다. "신부님, 다시 하라고 해도 이보다는 잘할 자신이 없습니다." 그가 얼마나 심혈을 기울였으면 이런 말을 다 할까 싶었습니다. 참 고마웠습니다.

하는 일마다 너무도 신비스럽게 이루어지니 자신감이 솟구쳤습니다. 그러나 교우들은 제가 확신을 갖고 달리는 만큼 따라오기 힘들어했습니다. 매번 강론 때마다 성당이 지어지는 과정을 이야기했지만 '백문이 불여일견'이라고 교우들에게 작가들을 소개시켜 주어야 할 필요를 느꼈습니다. 저는 작가들에게 주일미사에 모여 줄 것을 부탁했습니다. 특별히 이종상 선생에게는 당신이 입교 영세하게 된 사연을 교우들에게 강론 시간에 이야기해 달라고 부탁했습니다. 선생은 세 달 전부터 있던 약속을 미루고 우리 성당에 기어코 왔습니다.

　이런 사연들 그리고 일일이 밝힐 수 없는 사연들이 담긴 성예술품들이 성당에 자리를 잡을 때마다 하느님께서 하시는 일은 안 되는 일이 없음을 느꼈습니다. 그렇다고 작업이 순탄하게 이뤄진 것만은 아니었습니다. 작가들에게 땀으로 만든 예술품이 아니라 눈물로 만든 성예술품을 만들어 달라고 했는데 실제로 작가들은 감동뿐만 아니라 고통의 시련들을 겪어 내야 했습니다. 그런 과정을 통해 제대가, 십자가가, 도자기 벽화가, 스테인드글라스가 차례로 완성되었습니다. 그리고 14처 그림만이 남았습니다.

　작가가 죽음의 길을 걷는 예수님이 되어야 14처 그림을 그리실 수 있다고 생각했는데 이종상 선생이 자주 저에게 기도를 부탁하실 정도로 어려운 작업이었습니다. 더 이상 선생에게 짐을 지워 드릴 수가 없었고 한편으로는 이 과정을 이겨 내지 않으면 14처 성화를 그릴 수 없다는 생각에 그림을 안 하셔도 괜찮다고 말했습니다. 그러자 선생은 신부님이 그런 말씀을 하시면 어떡하냐며 반드시 완성할 테니 기도를 더 열심히 해 달라고 했습니다.

　그토록 어렵게 완성된 14처 그림이 성당에 도착하는 날, 저는 첫애를 낳는 분만실 밖의 아빠처럼 이제나저제나 안절부절못했습니다. 애간장을 다 졸인 끝에 밤 11시가 되어서 그림이 도착했습니다. 그리고 놀랍게도 선생과 동행한 사람은 선생의 아들이었습

니다. 그는 그림에 대한 하느님의 보상입니다. 아무리 아버지가 권면해도 성당에 나오지 않던 그가 제 발로 성당에 나와 세례를 받은 이유는 천주교인인 부인 때문이랍니다. 선생이 평생에 이렇게 힘들게 그린 적이 없었다는 그림과 함께 신혼여행에서 갓 입국한 부부가 함께 왔으니 저로서는 이것이 하느님께서 주시는 보상이라고 생각할 수밖에요.

성당 안은 춥고 그림을 부착하는 작업은 수월하지 않았습니다. 그러나 동창회를 하는 것처럼 모두가 행복했습니다. 무슨 도깨비 작업도 아니고 세상 사람들이 잠든 사이에 14처 그림이 자리를 잡아갔습니다.

드디어 새벽 5시 우측 벽의 마지막 그림, 5처가 걸렸습니다. 조촐한 기쁨의 박수소리가 성당에 울려 퍼졌습니다. 교우들과 은인들, 작가들과 함께 달려온 지난 2년여의 시간이 떠올랐습니다. 하느님의 마련하심이 없었다면 불가능한 일이었습니다.

다시 날이 저물면 성탄미사에 온 교우들이 환호할 모습이 떠올랐습니다. 저 역시도 제단에 서서 한눈에 들어오는 십자가의 길을 바라보며 성탄미사를 감격의 첫미사로 봉헌하게 될 것입니다.

천당에서 만납시다

성당을 지은 신부들이 다 그렇겠지만 그 절박한 위기들을 극복하려고 몸부림을 쳐 왔습니다. 하루에 미사를 두 대씩 드린 것은 지금 생각해도 잘한 일입니다. 절벽 끝에 매달리다 보니 그렇게 안 할 수가 없었습니다. 뿐만 아니라 오가작통, 은총계, 매월 성지순례, 목요 영성교육 등 좋은 생각이 떠오르면 닥치는 대로 다 했습니다. 교우들은 제 걱정을 많이 하셨지만 저는 끄떡없었습니다. 왜냐하면 신부가 받는 은총은 신자가 받는 은총과 분명히 차원이 다르기 때문입니다. 그런데다 성당까지 지으니 제가 얼마나 큰 은총 속에 살았겠습니까? 그 은총의 힘 없이는 신부로 산다는 것이 불가능한 일입니다.

성당을 짓는 동안 한 달에 평균 1억 원씩은 모아졌고, 새 성당에서 미사를 드린 지 일 년이 지난 지금에도 7천만 원 이상이 모아지고 있는 것은 시골 성당의 현실에서는 불가능한 일입니다. 제가 돈을 모으는 재주가 있어서가 아닙니다. 오히려 저는 돈 이야기를 한 번도 꺼내지 않았습니다. 하기야 그게 재주일 수도 있지요. 그렇지만 이 놀라운 기적의 액수는 우리가 하느님께 5천만 원을, 1억 원을 봉헌하게 해 달라고 재물의 축복을 구한 기도의 결실입니다. 그러나 별 준비 없이 시작한 공사이기에 건축금이 많이 봉헌되었어도 간신히 입에 풀칠할 정도였습니다. 하느님께서는 돈에 대해서만큼은 넉넉한 축복은 주지 않고 꼭 필요한 정도만 마련해 놓으셨습니다.

그래도 성예술품에 대해서만큼은 돈을 쏟아부었습니다. 기성품으로 했더라면 5~6억 원은 절약되었을 것이고 현재 갚아야 할 빚도 그만큼은 줄어들었을 것입니다. 빚을 갚으려고 빚을 내야 할 상황에 처하면서 '내가 만일 성예술품에 공을 안 들였으면 이 고생을 안 할 텐데…'라고 생각하기도 했습니다. 그러나 어리석은 인간의 계산이었습니다. 어느 날, 하느님께 바칠 훌륭한 성당을 지어 빚이 10억 원이 남았다면, 대충 성당을 지어도 빚은 여전히 10억 원이라는 생각이 들었습니다. 실제가 그랬습니다. 고생은 좀 했지만 하느님께 최고의 것을 바치려고 했을 때 놀라운 기적들을 연이어 만나게 되었고 그 기적은 저와 우리 교우들을 감동에 사로잡히게 했습니다. 그 감동의 힘이 평생 모은 돈을, 전 재산을, 다른 용도로 모은 돈을 먼저 하느님께 봉헌하게 했습니다.

우리 교우와 은인들은 아끼는 돈을 아까워하지 않고 왕창 하느님께 봉헌했습니다. 그러니 하느님께서는 잊지 마시고 저금통을

깬 아이부터 큰 목돈을 봉헌한 어른에게 수백 배로 갚아 주셔야 합니다. 안 그러시면 저는 사기꾼이 됩니다. 한번은 '나도 수고와 희생을 한다고는 했는데 하느님의 보상은 무엇일까'를 생각했습니다. 심심풀이로 하느님께 청구할 선물 목록을 궁리해 보았습니다. 자동차를 새 것으로 사 주시면 좋겠고, 어복을 주셔서 낚시할 때마다 큰 녀석들이 덥썩덥썩 물어 주면 좋겠고…. 그런데 아니었습니다. 하느님의 선물은 다름 아닌 하느님 자신이셨습니다. 하느님과 친해짐으로 인해 누리게 되는, 세상이 줄 수 없고 세상이 알 수 없는 평화와 자유와 기쁨이 바로 하느님의 선물이었습니다. 하느님께서는 그 선물을 주시고자 저와 우리 교우들을 당신의 각본에 따라 움직이게 하셨습니다. 하느님의 선물을 간직할 준비를 시키신 셈입니다. 그리고 하느님의 선물은 마르지 않는 샘물이 되어 지금 우리 마음에 흐르고 있습니다.

성당 건축은 설계가 1/3, 공사가 1/3, 빚 갚는 데 1/3입니다. 그 빚을 다 갚아야 건축이 완료되어 하느님께 봉헌할 수 있습니다. 아직 끝나지 않은 여정이지만 안타깝게도 제 역할은 여기까지입니다. 본당이 다른 데도 불구하고 남의 일처럼 생각하지 않고 정성을 보내 주신 여러 신부님들과 수녀님들 그리고 여러 교우들에게 진심으로 감사를 드립니다. 한 번도 팽성성당이라 부르지 않고 우리 성당이라고 말하며 함께 달려와 준 작가들에 대한 고마움은 말로는 표현할 수 없습니다.

사랑하는 팽성 교우 여러분, 우리가 달려온 길을 어떻게 다 기록할 수 있겠습니까? 함께했던 그 시간들이 참으로 행복했습니다. 제가 여러분의 본당신부였다는 것이 자랑스럽습니다. 아쉽지만 이제 때가 되었습니다. 언젠가 우리가 미사시간에 평화의 인사를 나누었던 그 말로 기쁘게 하직인사 올립니다.

"천당에서 만납시다."

세 아들의 첫미사*

월드컵이 열리던 2002년, 내가 첫 본당신부로 팽성에 부임했을 때 그대들은 중학교 3학년이었습니다. 시간이 흘러 그대들이 사제 서품을 받았고 이렇게 주님의 제단에 함께 섰습니다. 사제로서 새로운 출발을 하는 이 귀중한 시간, 그대들에게 내가 지니고 있는 '사제로서의 신념과 원칙'을 말하고자 합니다.

나의 두 번째 사목지는 안양이었습니다. 가자마자 해야 할 일이 눈에 들어왔습니다. 그리고 주님께 호기 있게 말씀드렸습니다. "제가 평일미사 때, 성당 아래층만큼은 교우들로 가득 차게 만들겠습니다." 열심히 노력하면 이룰 수 있다고 생각했고, 하느님께 칭찬을 받을 것이라고 기대까지 했습니다. 그러나 들려온 음성은 **"성가대석까지!"**였습니다. 부인하고 싶었지만 너무도 또렷했습니

---

* 2013년 12월 8일 첫미사 강론

다. 난감했습니다. 이 큰 성당을 주일도 아니고 평일에, 그것도 아래위로 채우라시니 도무지 가능성이 보이지 않았습니다. 그러나 하느님께서 내리신 분부이니 거역할 수는 없었습니다. 그냥 열심히 하는 수밖에 없었습니다. 평일미사를 세 대씩 했고 강론을 위해 하루에 책 한 권씩을 읽었습니다. 새벽부터 한밤중까지 정말 죽어라 노력했습니다. 그러나 생각처럼 교우들은 금방 늘지 않았습니다. 실망스러웠지만 누구를 탓할 수도 없었습니다. 나의 부족한 실력은 노력으로도 메워지지 않았습니다. 더군다나 주변에서 비난도 받았지만 나에게는 하소연할 곳도 없었고, 그렇게 해서도 안 되었습니다. 매일매일이 죽을 맛이었고 나날이 지쳐갔습니다.

"네가 하려고 하지 마!" 고해소에서 또다시 하느님의 음성과 마주쳤습니다. 이 한 말씀으로 숨이 제대로 쉬어지고 세상이 환해졌습니다. 그제야 멍에는 편해지고 짐은 가벼워졌습니다. 실제로 그날 이후에 놀라운 변화들이 생기기 시작했습니다. 그때에 벌어진 사건들을 어떻게 설명할 수 있을까요? 일이 술술 풀렸습니다. 정말 살맛이 났습니다. 신이 난 것은 나만이 아니었습니다. 교우들도 마찬가지였습니다. 가장 강력한 변화는 새벽미사에 아빠와 아이들이 나온 것입니다. 그리고 그 남편과 자녀들을 위해 자매님들이 새벽부터 나와 아침을 준비하였습니다. 도대체 뭐라 설명할 수 없는 이 변화의 바람은 매일을 축제로 만들었습니다. 교우들은 콧노래 부르며 성당에 오고 어깨춤 추며 집으로 돌아갔습니다. 꿈만 같았습니다. 나는 아직도 성가대석에 처음으로 교우들이 올라간 그날을 기억하고 있습니다. 비록 단 두 분이었지만…. 바람은 멈추지 않았습니다. 마침내 성당이 교우들로 가득 차 성가대석에서조차 서서 미사를 드리는 그날이 왔습니다. 머리를 들어 하늘을 보았습니다. '아버지, 이것을 보여 주시려 하셨군요.' 나는 그날, 사람이 하느님의 일을 하는 것이 아니라 하느님께서 사제를 통해 일하신다는 것을 보았습니다.

아들 신학생들과

"네가 하려고 하지 마!"라는 주님의 말씀은 그 이후로 나에게는 선택과 행동의 기준이 되었습니다. 하느님께서 나를 위한 계획을 마련하셨다는 확신도 굳어졌습니다. providentia, '섭리'의 어원이 '하느님께서 준비하셨다'라는 것도 체험적으로 이해가 되었습니다. 하느님께서 사제인 그대들을 위해 마련해 놓으신 계획이 반드시 있습니다. 그 계획을 분명히 확신하고, 그 계획이 무엇인지를 고요히 귀 기울여 들으십시오. 섭리攝理의 攝에는 귀가 괜히 세 개나 들어 있는 것이 아닙니다. '움직이는 씨는 싹을 틔우지 못하는 법. 고요히 앉으라!' 신학교 대성당 문에서 숱하게 봐 왔을 것입니다. 떼르뚤리아누스 교부는 '나는 불합리하기 때문에 믿는다'고 했습니다. 하느님께서도 "내 생각은 너희 생각과 같지 않다. 나의 생각은 너희 생각보다 높다."(이사 55,8.9)고 하셨습니다. 그러니 합리적인 판단을 신뢰하지 말고 그것을 넘어서는 섭리를 신뢰하십시오.

성체 앞에 머무르는 시간을 원칙으로 정하십시오. 그리고 섭리를 듣기 위해 그 시간을 지키십시오. 김수환 추기경께서는 아무리 바빠도 하루에 성체조배 한 시간을 꼭 지킨다고 하셨습니다. 부족한 나도 그리합니다. 그 신념과 원칙이 어떠한 유혹과 시련이 닥쳐와도 틀림없이 그대들을 지켜 줄 것입니다.

기도로써 하느님의 섭리를 발견하고, 하느님께서 그대들을 통해 일하실 수 있도록 하십시오. 이 성당에 14처를 봉헌하신 일랑 선생도 "화가는 그저 하느님께 손을 빌려 드릴 뿐"이라고 하셨습니다. 믿는 만큼만 의탁할 수 있으니 사목적 열매는 사목자의 영적 성숙과 결코 무관하지 않습니다. 그래서 사제는 사목자 이전에 구도자입니다. 기차는 깜박이가 없습니다. 그저 선로만 따라가면 됩니다. 섭리는 선로와도 같으니, 그대들은 기도를 통해서만 궤도에 오르게 될 것입니다. 한계와 실패를 경험하더라도 신념과 원칙을 고수하십시오. 그러면 사제에게 부여되는 엄청난 축복과 마주칠 것입니다. 그리고 그 감당할 수 없는 은총으로 말미암아 스스로 사제임을 알게 될 것입니다.

이규성 신부님! 임재혁 신부님! 최광호 신부님!
이렇게 부르기를 오랜 시간 기다려 왔습니다. 그대들은 이제 나와 동지이고 동료입니다. 좋은 영향을 주고받으며 경쟁합시다.

아들 신부들과

빨간 동그라미

며칠 전 '시골의사의 아름다운 동행'이란 책을 읽기 시작했는데 새벽이 가까워지는 줄도 모르고 뻑뻑한 눈을 비비며 끝내 다 읽고서야 잠들었습니다. 환자에 대한 헌신적인 노력에 감동받아 몇 번이나 글씨가 흐려졌는지 모릅니다. 저 역시도 영혼의 의사라고 생각해 온 터라 남 얘기 같지 않았습니다. 읽고 나니 저의 마음가짐이 달라졌습니다.

지난 목요일에 우리 본당에 와서 처음으로 환자 영성체를 했습니다. 많은 교우들이 성가를 부르며 아픈 이웃과 함께 성체 안의 예수님을 맞이하는 모습이 참 아름다웠습니다. 우리 본당의 아름다운 전통으로 잘 가꾸어 갔으면 좋겠습니다.

환자 영성체를 생각하면 떠오르는 두 사람이 있습니다. 한 사람은 김진우 신부입니다. 그 신부가 담당하고 있는 본당 구역은 아마도 우리 교구에서도 제일 넓을 듯싶습니다. 교우 수도 5천 명이나 됩니다. 그래도 그렇지, 백 군데나 환자 영성체를 다녀야 하니 얼마나 힘들겠어요? 하루 종일 해도 반밖에 못 하니 이틀 내지 사흘은 돌아다녀야 합니다. 그래서 김 신부는 아예 마지막 주간은 환자 영성체를 하느라 아무런 계획도 세울 수가 없습니다.

우리 성당 환자 영성체를 다 하고 나니 장난기가 생겨 김 신부에게 전화를 했어요. 이내 밝은 목소리가 들려왔습니다.

"재웅이 형, 잘 지내?"

이런저런 이야기를 하다가 본론을 꺼냈습니다.

"나 오늘 환자 영성체 했어."

"그래? 형네도 신자가 많으니까 꽤 여러 집 다녔겠구나?"

"응, 다섯 집! 한 시간이면 끝나던데?"

메롱~ 이란 말은 차마 못 했어요^^ 친한 아우니까 농담을 했지 마을에서 마을로 다니며 며칠을 환자 방문하는 일이 쉬운 일만은 아닙니다. 이번에 성당을 분가하여 방문해야 할 집이 아흔세 집으로 줄었다고 해서 크게 웃었어요^^

또 생각나는 분은 아가다 할머니입니다. 연세는 좀 있으셔도 성당에 왕래하는 데에는 불편함이 없던 분이셨지요. 어느 날, 할머니가 아프시다는 연락을 받고 병원으로 달려가 보니 허리를 다쳐 누워 계셨습니다. 수술을 하셨지만 상태가 호전되지 않아 결국에는 집에서 화장실 출입 정도만 간신히 하실 수 있었습니다. 갑작스레 찾아온 시련에 괴로워하실 법도 한데 성체를 모시고 할머니를 찾아가면 늘 밝은 모습이셨습니다. 더군다나 할머니는 가족도 없이 혼자 사시는 분이라 외로우실 텐데도 환하게 웃으셔서 할머니 집은 얼른 가고 싶고 더디 나오고 싶었습니다.

그날도 할머니는 늘 그랬듯 밝고 겸손한 모습으로 예수님을 맞이하셨습니다. 환자 영성체를 마치고 방을 나서는데 문득 눈에 띄는 것이 있었습니다. 달력이었습니다. 달력의 오늘 날짜에 빨간 사인펜으로 큼지막하게 동그라미가 쳐져 있었습니다. 그 밑에는 '예수님 오시는 날'이라고 써 있었습니다. 발이 떨어지지 않았습니다. '맨날 미사 나오시던 할머니, 이제는 한 달에 한 번 성체를 모시는 날을 저렇게 애타게 기다리고 있구나!'

할머니는 하느님께 가시는 날에도 혼자셨습니다. 인기척이 없어 이웃이 방문을 열었을 때엔 할머닌 벌써 떠나신 후였습니다. 할머니의 장례미사를 드리면서 너무도 힘들었습니다. 할머니를 떠나보내 드리며 교우들에게 그 달력, 환자 영성체 날이 빨간 동그라미로 표시되었던 그 달력을 찾아 달라고 부탁했습니다. 그렇게 신신당부했건만 아쉽게도 그 달력은 제 손에 들어오지 않았습니다. 하지만 마음속에서 그 달력은 지금도 잊혀지지가 않습니다.

어느 누구도 아가다 할머니와 같은 노후와 임종을 바라지 않을 것입니다. 그런데 참 이상하지요, 할머니는 그 고난의 십자가를 지면서도 늘 밝으셨으니 말입니다. 그러고 보면 모두가 피하고 싶어 하는 십자가라도 예수님과 함께라면 정말로 편한 멍에와 가벼운 짐이 될 수 있는가 봅니다.

'아가다 할머니, 잘 계시죠? 보고 싶어요.'

신부님 되어라, 수녀님 되어라

얼마 전 편지를 한 통 받았습니다. 발신지가 평택으로 되어 있었습니다. 누굴까 궁금해하며 뜯어 본 편지에는 놀라운 사연이 담겨 있었습니다. 보낸 분은 제가 고등학생 때 주일학교 담당이던 로사 선생님이셨습니다. 로사 선생님은 학생들에게 하느님에 대해, 기도에 대해 알려 주시고자 노력하셨던 분임을 기억합니다. 그 뒤로 저는 신학교에 들어갔고 로사 선생님은 어떻게 되었는지 알지 못합니다.

9년이 지나 저는 부제품을 받았고 여름방학 동안 평택 비전동 성당에서 부제실습을 하였습니다. 로사 선생님은 그동안 결혼도 하셨고 평택으로 이사하셨는데 공교롭게도 다니는 성당이 비전동이었습니다. 그 성당에서 제가 운명적 만남을 한 것은 선생님이 아니라 그분의 아들이었습니다. 하루는 아들이 성당에 가지 않겠다고 하더랍니다. 이유인즉슨 실습 나온 부제님 때문이랍니다. 부제님이 자기만 보면 자꾸만 "신부님 되어라! 신부님 되어라!" 해서 그 말이 듣기 싫어 성당에 가지 않겠다고 하더랍니다. 그리고 실제로 성당에 가서도 저를 보면 피해 다녔다고 했습니다.

아무튼 저는 그곳에서 한 달여의 부제실습을 마치고 신학교로 돌아와 이듬해 1월, 사제서품을 받았습니다. 그리고 이곳저곳 부임지를 옮겨 다니다 지금은 벌말성당에 있지요.

올 초에 주교님께 강의를 간 곳이 또 비전동성당입니다. 다시 10년 만에 가게 된 셈이지요. 성체신심세미나였는데 그날 로사 선생님도 참석했던 모양입니다. 반갑고 고마운 마음에 편지를 쓴다고 했습니다. 부제님을 피해 다니던 꼬맹이가 고등학교 진학을 앞두고는 돌연 신학교에 가겠다고 선언을 하더랍니다. 그 이유가 더욱 놀라웠습니다. 부제님이 예전에 했던 말이 마음속에서 자꾸만 되살아나더랍니다. '신부님 되어라! 신부님 되어라!' 그러고는 실제로 올 2008년, 저의 모교인 수원신학교에 입학했다는 것이었습니다. 문제는, 제가 그 녀석이 누군지 모른다는 것입니다. 그 당시 잘생기고 똘똘해 보이는 아이들에게 커서 뭐가 되라고 했겠습니까? 그 녀석 말고도 많은 아이들에게 신부님 되라고 얘기했을 겁니다. 그 중에 하나가 걸려든 것이지요. 저 역시 어려서 신부님 되라는 얘기를 허구한 날 듣고 자랐습니다.

사실 사제가 되는 계기는 단순합니다. 저와 가장 가까운 친구 신부의 성소 동기는 어처구니 없을 정도입니다. 어릴 적 친구들과 구슬치기를 하고 있었답니다. 시골 촌놈들이 아마 코나 질질 흘리며 정신 팔려서 놀고 있었을 겁니다. 그 애들 곁을 지나가던 신부님이 머리를 한 번 쓰다듬어 주셨는데, 두 번도 아니고 한 번 쓰다듬어 주셨는데 자기는 그때 신부님이 되어야겠다고 생각했다는 거예요~ 두 번 쓰다듬어 주셨으면 주교님이, 세 번 쓰다듬어 주셨으면 교황님이 되려고 했을 겁니다.

암튼 사제 서품을 받기까지의 과정은 고되지만 그 계기는 이렇듯 단순합니다. 성당 다니는 아이들 보시고 괜찮아 보이면 빈말이라도 좋으니 '신부님 되어라' '수녀님 되어라' 하세요. 요즘 아이를 조촐하게 낳는 시대니 자기 자녀를 하느님께 봉헌하기는 참 어렵잖아요? 그러니까 남의 집 자식에게만 그렇게 하세요. '신부님 되어라' '수녀님 되어라'

사제성소와 수도성소는 우리의 미래를 위한 대비입니다. 지금도 사제와 수도자가 부족하지만 미래를 기대하기는 더욱 어렵습니다. 벌말 9시미사, 평촌 11시미사, 범계 3시미사, 인덕원 5시미사, 포일 8시미사 … 그리고 그 미사들을 한 명의 사제가 돌아다니며 드리게 될 날이 올 것입니다. 실제로 이미 그렇게 운영되는 나라들이 있으며, 심지어 미사를 드릴 사제가 없어서 성당을 예식

장으로, 미술관으로 매각하기도 합니다.

성소의 씨앗이 어떠한 모습으로 심어질지 아무도 모릅니다. 우리의 미래에 투자하는 심정으로 사제성소, 수도성소에 관심을 갖고 아이들에게 귀에 못이 박히게 얘기하세요.

'신부님 되어라' '수녀님 되어라'

아강그리알 Aganggrial

　아프리카에 선교사로 나가 있는 이 신부가 한국으로 휴가를 왔습니다. 그는 선교준비를 하는 동안 제 사제관에서 머물렀을 정도로 가까운 사이입니다. 그가 아프리카로 돌아갈 때 함께 그의 사목지를 방문하기로 했습니다. 그러나 갑작스런 저의 인사발령으로 그 계획은 무산됐습니다.

　이 신부가 출국하는 날, 배웅하러 공항에 나갔습니다. 같이 가지 못해 못내 아쉬웠습니다. 그러나 아프리카로 떠나지 못한 것은 그도 마찬가지였습니다. 탑승한 비행기 안에서 그에게 심각한 신체적 문제가 발생했기 때문이었습니다. 검사 결과, 공황장애가 원인이고 병원 치료가 필요한 상태였습니다. 두 달 간의 치료가 끝나고 그의 출국일이 정해졌습니다. 그 무렵, 해외선교를 담당하고 있는 고태훈 신부가 저를 찾았습니다. 치료는 끝났지만 환자인 이 신부를 그 먼 곳까지 혼자 보낼 수 없으니, 보호자로 함께 갈 의향이 있느냐고 물었습니다. 저로서는 마다할 이유가 없었습니다. 가게 될 곳은 결국 가게 되는 모양입니다.

이 신부와 함께 케냐에 도착했습니다. 며칠 동안 선교지인 남수단에서 필요한 물품들을 준비했습니다. 현지의 보스코와 엘리사벳 부부가 친정엄마와 같은 손길로 도와주었습니다.

그런데 케냐에서 남수단으로 떠나는 날, 공항에서 문제가 생겼습니다. 가지고 가려던 음식과 헌옷을 세관에서 통과시켜 주지 않았습니다. 전에는 이렇게 까다롭지 않았는데 아무래도 뒷돈을 요구하는 모양이라고 했습니다. 진드기처럼 달라붙어 사정하는 이 신부와 뒷짐 진 공무원 사이에 실랑이가 길었습니다. 다른 승객들은 이미 오래 전에 탑승했고 활주로에는 짐과 우리만 남았습니다. 대충 얼마 주고 가자고 했더니 그러면 관행이 되어 다음 선교사들이 매번 골탕 먹는다며 절대 줄 수 없다고 못박았습니다. 한참을 씩씩거리던 이 신부는 급기야 짐 위에 올라섰습니다. "기부 물품이란 말이야. This is donation!" 그의 준엄한 판결이 쩌렁쩌렁하게 공항에 울려 퍼졌습니다.

하는 수 없이 이 신부는 짐 없이 타야 했고, 기다려 준 승객들에게 일일이 미안하고 고맙다고 했으며 다시 공황장애의 공포에 시달려야 했습니다. 그렇지만 저는 그가 정말 자랑스러웠습니다.

시간이 많이 지체된 비행기는 서둘러 날아올랐습니다. 네 시간의 비행 끝에 목적지인 남수단의 룸벡Rumbek 국제공항에 도착한다는 안내방송이 나왔습니다. 고도는 점점 낮아졌습니다. 당황스럽게도 비행기가 내려앉는 곳은 흙바닥이었습니다. 이런, 불시착이었습니다.

　"큰일이다. 땅으로 내린다."

　"형, 이 나라엔 아스팔트가 아예 없어."

　진작 말해 줄 것이지…. 비행기에서 내리자마자 처음으로 눈에 띈 것은 활주로를 뛰어다니는 염소들이었습니다. 명색이 국제공항임을 생각하니 웃음이 났습니다.

룸벡국제공항

저 멀리 이 신부의 동료 선교사인 한 신부가 보였습니다. 그런데 그만이 아니었습니다. 꽤 많은 사람들이 활주로를 걸어 비행기로 왔습니다. 얼싸안는 사람에, 짐을 들어주는 사람에 … 정겨운 시골 버스정류장 같았습니다.

우리는 룸벡 주교관에 들렀다가 시장에서 장을 본 후, 서둘러 선교지인 아강그리알Aganggrial로 향했습니다. 한참을 덜컹이며 가던 차가 갑자기 섰습니다. 길을 막아선 한 무리의 꼬맹이들 때문이었습니다. 이 신부가 웃으며 내렸습니다. 한 아이씩 안아 주고 심지어 녀석들의 빡빡머리를 두드리는데 녀석들은 좋다고 껑충껑충 뛰었습니다. 차가 출발하자 녀석들은 휘날리는 먼지 사이로 같이 달리기 시작했습니다. 얼마쯤 더 가서 차는 다시 섰습니다. 이번에는 좀 더 큰 녀석들이 '아강그리알에 오신 것을 환영합니다 Welcome to Aganggrial'라고 쓴 천을 들고 있었습니다. 그는 다시 내려서 녀석들을 일일이 안아 주었습니다. 이번에는 저도 내렸습니다. 여기서부터는 마을까지 함께 걸어가야 한답니다.

나이로비와 룸벡에서 지체된 시간이 대략 네다섯 시간입니다. 녀석들은 뜨거운 태양 아래에서 그 시간 동안 자기네 신부님을 기다리고 있었습니다. 겨우 휴가 다녀왔는데 말입니다. 이토록 난리법석을 피우는 녀석들을 보면서 저는 단정할 수가 있었습니다. '이 신부가 엄청 잘 살고 있었군!' 그 시간 아프리카의 태양이 지고 있었습니다. 강렬할 줄로 알았는데 그 색이 참 따뜻했습니다.

어두워져서야 마을 어귀에 도착했습니다. 초가집들로 이루어진 마을에서 성당은 금방 눈에 띄었습니다. 성당 앞에도 사람들이 모여 있었습니다. 이번에는 아줌마 부대였습니다. 아줌마들은 다 짜고짜 이 신부를 에워싸더니 춤추고 노래하기 시작했습니다. 이 신부를 향한 극성스러운 애정이 느껴졌습니다. 얼마나 기다렸는지 도무지 집에 갈 생각을 하지 않았습니다. 주일미사 때 보자는 말로 간신히 돌려보냈습니다. 마을에 와 보니 이 신부가 옷과 음식을 가져오려고 그 난리를 친 이유를 분명히 알 수 있었습니다.

다음날 아침, 성당 옆 초등학교를 방문했습니다. 우간다에서 온 수녀님이 교장선생님이었습니다. 8학년까지 있으나 교실은 달랑 두 개였습니다. 1학년과 2학년만이 교실에서 공부할 수 있었고, 나머지 학년의 교실은 망고나무 아래였습니다. 교육 환경은 열악했지만 많은 아이들이 학교에 왔습니다. 20km나 떨어진 곳에서 자전거를 타고 오기도 했습니다. 배움의 열정이 느껴졌습니다.

특이하게도 나이로는 학년을 가늠하기 어려웠습니다. 늦깎이가 많아서 어떤 학생들은 교복을 입지 않으면 선생님과도 구분이 안 되었습니다. 구분이 어렵기는 남자와 여자도 마찬가지여서 치마를 입었으면 여자, 바지를 입었으면 남자였습니다.

마침 방문기간 중에 졸업식이 있었는데 마을의 큰 잔치라고 했습니다. 신부들이 잔치를 하라고 소를 잡아 주었습니다. 졸업생은 열두 명이었습니다. 아이들로 바글바글하던 1학년 교실이 생각났습니다. 물어보니 한 달에 2천 원 가량 하는 수업료 때문에 대부분 학업을 중단한다고 했습니다. 한국에서는 자녀들을 위해 한 달에 백만 원을 지출하는 집도 있다는데, 그 돈이면 이곳에서는 전교생이 공부하고도 남았습니다.

졸업하는 여학생은 단 두 명이었습니다. 대부분 학교를 마치기 전에 시집을 간답니다. 남자들은 결혼하려면 장인어른에게 딸을 데려오는 값으로 소를 지불해야 하는데, 따져 보니 평생을 소처럼 부려먹을 수 있는 액수였습니다. 심지어 외상도 있으며 그 경우 약속한 소를 다 갚아야 결혼이 성립된답니다. 여성들은 자기가 결혼을 해야 오빠나 남동생이 자기의 몸값으로 결혼한다는 것을 당연히 여긴다고 했습니다. 부모의 입장에서도 딸은 중요한 재산입니다. 만일 아들 하나 딸 하나면 다행이지만 아들만 둘이면 집안이 망하는 것이고, 딸만 둘이면 완벽한 노후대책인 셈이니까요.

아프리카에서는 매매혼뿐만 아니라 일부다처가 만연해 있어 선교의 큰 걸림돌이랍니다. 부인이 여럿인 남편은 혼인장애에 걸려 성당에 나오지 않으며, 그의 부인들도 마찬가지입니다. 그러나 현실적으로는 부인을 여럿 거느린 사람은 부의 상징이기에 자랑거리요 부러움의 대상이라고 했습니다. 부인들끼리도 친자매처럼 잘 지낸다네요. 쉽게 이해하기는 힘들었습니다.

　이 신부가 귀띔해 준 얘기는 더 어이가 없었습니다. 남편이 다른 색시를 얻을 때 부인의 동의를 구하지 않는다고 했습니다. 당연한 얘기였습니다. 한국 같으면 당장 이혼일 테니까요. 오히려 부인이 남편의 동의를 얻는다고 했습니다. 일이 너무 힘드니까 남편에게 둘째 부인을 데려와 달라고 부탁한답니다. 얼마나 일이 고되면 그럴까 싶었습니다.

결혼 얘기가 나왔으니 말인데, 현지에서 청혼을 받기도 했습니다. 이웃마을을 지나다가 절구질하는 처녀와 마주쳤습니다. 그녀가 웃으며 저에게 '뭐라고 뭐라고' 했습니다. 통역하는 친구에게 물으니 결혼하자는 소리랍니다. 하하하하, 처음 보는 나에게? 게다가 신부인 나에게? 물론 외국인에게 시집가면 일로부터 해방되고, 소도 많이 받을 수 있으니 외국인은 인기 있는 남편감일 것입니다. 그러나 그녀의 기대와는 달리 제 답변은 "너무 늦었어."였습니다. 기분이 나쁘지는 않았습니다. 언제 다시 청혼을 받아 보겠습니까? 다행이도 그녀는 제가 본 아프리카 여인 중에서 제일 예뻤습니다.

주일을 지낸 며칠 후, 그곳의 현실을 적나라하게 알게 해 주는 일과 마주쳤습니다. 한 여인이 성당에 다리를 절룩거리며 들어왔습니다. 주일미사 때 본 기억이 없는 것으로 보아 신자는 아닌 듯했습니다. 말은 통하지 않았지만 그녀의 표정에서 절박함이 느껴졌습니다. 일단 나무 그늘 밑 평상에 앉혔습니다.

그녀가 보여 준 발바닥은 뭔가에 베어져 있었습니다. 아니 쪼개져 있다는 표현이 더 맞을 것 같습니다. 고름이 그 틈에 차 있었는데 넓이로 보아 상처가 상당히 깊음을 알 수 있었습니다. 이 신부와 저는 할 말을 잃었습니다. 상처에 과산화수소수를 부었지만 겉만 부글부글할 뿐 아무 소용이 없었습니다. 참다 참다 이 지경이 되어서야 온 여인이 한심스러웠습니다. 그러나 한심스럽기는 우리도 마찬가지였습니다. 그녀는 지푸라기라도 잡고 싶은 심정으로 성당에 왔지만 우리는 실제로 지푸라기에 불과했습니다. 우리는 이태석 신부님이 아니었거든요. 한숨만 나왔습니다.

이 신부는 아프리카로 오기 전 의술을 배운답시고 여기저기 기웃거렸습니다. 그가 뭔가를 배워 온 날 밤이면 저는 여지없이 호출 당했습니다. "형, 허리가 아프다고 했지? 여기 좀 누워 봐." 뜸을 배워 온 날은 제 등을 지졌고, 사혈과 부항을 배워 온 날은 온몸을 피투성이로 만들었습니다. 그의 방은 실습실이었고 저는 그의 마루타였습니다. 밤이면 피바다 불바다를 만들어 놓는 돌팔이인 그를 저는 곤충이라고 불렀습니다. 돌팔이도 파리의 일종이라는 생각이었습니다. 마음 같아서는 곤충만도 못하다고 하고 싶은데 아끼는 동생이라 곤충으로 승격시켰습니다. 그런 그가 어느 날 침을 배워 왔다면서 저를 불렀습니다. 저는 방문을 걸어 잠갔습니다.

그렇게 난리를 치며 의술 타령을 하던 그였지만 이 상황은 속수무책이고 그저 난감할 뿐이었습니다. 이 신부가 자기 방으로 들어갔습니다. 잠시 후 그가 들고 나온 것은 칫솔이었습니다. 대번에 그의 의도를 짐작했습니다.

"너, 미쳤어?"

"형, 이거 아니면 다른 방법이 있을까?"

할 말이 없었습니다.

그녀에게 수술 전 동의를 구했습니다.

"지금 치료하지 않으면 결국엔 다리를 잘라야 할지도 몰라. 그러나 지금 치료하면 나을 수도 있어. 하지만 굉장히 아파. 치료할래?"

선택의 여지가 없는 그녀가 힘없이 고개를 끄덕였습니다. 저는 그녀가 움직이지 못하도록 왼쪽 다리를 눌렀습니다. 영화에서 본 것처럼 입에 막대기를 물려야 하나 고민스러웠습니다. 한편으로는 고통을 참지 못하고 오른쪽 다리로 내 얼굴을 걷어차는 건 아닐까 걱정스러웠습니다.

소독약을 부으며 이를 닦으라는 칫솔로 상처를 후벼 긁어내기 시작했습니다. 하지만 무슨 재주로 고름만 긁어내겠습니까? 연하디 연한 속살도 여지없이 할퀴어졌고 소독약과 함께 핏물도 뚝뚝 흘러내렸습니다. 상상만 해도 끔찍한 상황이었으나 안타깝게도 그녀는 마취 없이 견뎌야 했습니다. 그러나 그녀는 '흠'하고 외마디 신음만 내고는 끝까지 무표정하게 참아 냈습니다. 지금도 생생히 기억나는 그 모습을 보면서 아프리카에서 여인으로 산다는 것이 얼마나 가혹한 일인지를 충분히 짐작할 수 있었습니다.

골짜기가 되어 버린 그녀의 발바닥 안에 약을 듬뿍 넣었습니다. 꿰맬 기술이 없으니 압박붕대로 있는 힘껏 감았습니다. 저절로 기도가 나왔습니다. '하느님, 저희가 할 일은 여기까지입니다. 이젠 아버지께서 책임지셔야 합니다.'

잘 참아 낸 그녀에게 양말을 선물했습니다. 그리고 해가 뜰 때 한 번, 질 때 한 번 먹으라고 항생제를 건넸습니다. 이 신부는 천연덕스럽게 수술비용이 얼마라고 했습니다. 돈 이야기가 나오자 치료 중에도 끄떡없던 그녀가 당황했습니다. 하지만 오늘의 모든 것은 예수님의 선물이라고 말하자 그제야 그녀가 처음으로 웃었습니다.

이런 망할 돌팔이 같으니라고….

형이라고 불러

성완이를 처음 만난 건 보바스병원에서였습니다. 미사와 환자방문으로 자주 가는 곳입니다. 재활치료하는 어르신들이 많은 곳인데 하루는 귀여운 녀석이 입원했습니다. 갓 중학생쯤 되어 보였는데 금방 눈에 띄었습니다. 저처럼 머리가 짧은 것으로 보아 암환자인 듯했습니다. 낯을 익히고 이름도 외웠으니 이제 친해질 차례였습니다. 미사에 온 그 녀석 옆에 바싹 앉아서 첫 말을 건넸습니다.

"성완아, 나한테 형이라고 불러."

물론 제정신으로는 못할 일이라는 것을 잘 압니다. 주교님께서 제게 형이라고 부르라는 것과 무엇이 다르겠습니까? 그러나 환자와 친해져야 한다는 생각에 장난스럽게 접근했습니다. 중한 병일수록 일부러 더 그렇게 해 왔습니다. 특히 암환자에게는(눈치 필수) 우스갯소리부터 합니다.

"누가 하느님께 물었대요. '하느님도 못 고치는 병이 있어요?'"

"에이, 신부님. 그런 병이 어딨어요?"

"아~ 암."

다소 위험한 농담이긴 합니다만 한바탕 웃고 나면 금방 가까워지곤 했습니다.

"저, 남자 아니거든요."

아뿔싸, 대형 사고였습니다. 파리처럼 싹싹 빌었습니다. 그 후 병원에 갈 때엔 조공을 바치듯 선물을 꼬박꼬박 준비했습니다. 어르신들은 어린것만 이뻐한다고 불만이 많았지만 어쩔 수가 없었습니다. 선물 공세를 의아해하는 성완이 엄마에게 혼날 각오를 하고 말했습니다.

"사실은요, 성완이를 남자로 착각해서요. 형이라고 부르라고 그랬어요. 정말 죄송해요."

"또 그러셨어요?"

또? 성완이는 보바스병원에 오기 전에 서울대병원에 입원했었습니다. 저와는 이미 그 병원에서 만났는데 거기서도 그랬답니다, 형이라고 부르라고. 아이쿠…. 그렇게 성완이와 저는 의형제보다 가깝게 맺어졌습니다.

성완이는 예쁜 꽃입니다. 항상 웃고 예의가 발랐습니다. 인사하러 이 병실 저 병실로 원정 다녀서 모두가 사랑했습니다. 하지만 아픈 꽃입니다. 종양제거를 위한 뇌수술을 두 번이나 받았습니다.

한 번도 힘든 항암치료도 여러 번 했습니다. 그래서 한번은 내가 대신 아파주겠다고 했습니다. 그러자 신부님은 아프면 안 된다며 펑펑 울었습니다. 당황하고 감동한 것은 저였습니다. 사랑할 수밖에 없는 천사였습니다.

성완이와 만난 지도 5년이 지났습니다. 현재는 건강이 많이 안 좋아졌습니다. 누구나 그렇지만 성완이는 내일을 보장받지 못합니다. 그래도 하루하루를 최선을 다해 살아내고 있습니다. 성완이도, 가족도, 의료진도….
"크리스티나, 힘내렴. 오빠는 언제나 네 편이란다."

2016년 봄날에
성완이는 하느님께로 갔습니다.

소원

어느 늦봄이었습니다. 위중한 환자를 방문해 달라는 전화를 받았습니다. 원래는 본당신부에게 청해야 하는데 안면도, 관련도 없는 저를 찾아서 부담스러웠습니다. 더군다나 병원은 천안이랍니다. 하지만 어떡합니까? 죽은 사람 소원도 들어준다는데…. 바로 다음날 저녁에 가기로 했습니다.

"다미아노 신부입니다."
"저는 카타리나예요. 오실 줄은 몰랐는데 진짜 오셨네요."
다행입니다. 한눈에도 병이 깊어 보였는데 생글생글 웃으며 인사를 주고받았으니 말입니다. 이런저런 이야기를 나누고는 소원대로 기도를 드렸습니다. 제 역할은 거기까지였습니다.
주차장까지 배웅 나온 남편은 아내의 소원을 들어주셔서 고맙다고 인사하다가 … 그만 고개를 떨구었습니다. 아내 앞에서의 씩씩한 모습은 그저 연기였을 뿐입니다. 아내에 대한 애절함이 굵은 눈물이 되어 뚝뚝 떨어지는 남편을 보며 너무나 안타까웠습니다.

평택의 사제관으로 돌아왔지만 마음은 천안의 병실에 그대로 남았습니다. 이튿날부터 어떻게 해서든 시간을 벌려 3시간만 생기면 주저 없이 천안행 전철을 탔습니다. 만날 수 있는 시간이 단 5분밖에 없어도 갔고 어떤 날은 카타리나 씨가 잠들어 있어 조용히 기도만 하고 오기도 했습니다.

자주 가다 보니 다른 환자들과도 자연스레 가까워졌습니다. 앞 침대의 말기 암환자, 스콜라스티카 씨는 새댁입니다. 처음에는 서먹서먹했으나 이내 친동생처럼 여겨졌고, 그녀도 스스럼없이 한 올 없는 머리를 제 손에 맡겨 안수를 받았습니다. 옆 침대의 할머니는 저와 같은 경주 이씨였지만 신자는 아니셨습니다. 하지만 '왜 나는 기도를 안 해 주냐?'고 역정을 내신 그날부터 그분도 '사실상 신자'가 되셨습니다. 꼬마 남경이와도 친해진 건 덤이고요.

덕분에 일주일이면 서너 번씩 방문해 오던 수원, 서울의 병원에 더해 천안까지 다녔습니다. 일정은 혹독했으나 발걸음은 가벼웠습니다. 다들 저를, 신부인 저를 기다리고 계셨으니까요. 왜 그렇게 공을 들였는지 잘은 모릅니다. 그렇지만 한 사람의 소원이 저의 열정을 불러일으켰고, 다른 환자들에게도 큰 복이 된 것은 분명했습니다.

그러나 … 한 달이 지나자 결국 올 것이 오고 말았습니다. 담당 의사가 카타리나 씨를 임종실로 옮겨 달라고 했습니다. 잔인한 선고였습니다. 이번에는 남편도 아내 앞에서 눈물을 감추지 못했고 병실의 환자들 역시 소리 죽여 울었습니다. 옮기라는 그 방! 관과 무슨 차이가 있겠습니까? 하지만 그럴 수밖에요. 공동병실에서의 임종은 다른 분들을 위해서라도 피해야 하니까요.

임종실로 옮긴 이튿날 아침, 불안한 마음으로 남편에게 전화를 걸었습니다. 아내의 안부를 물었더니 놀랍게도 콩나물국에 밥을 먹고 있다고 했습니다. '밥을 먹는다고, 임종실에서?' 즉시 병원으로 차를 몰았습니다.

병실 문틈으로 살짝 보았는데 정말로 후루룩 국수를 먹고 있었습니다. 그것도 꼿꼿이 앉아서 말입니다. 웃음이 나왔습니다. 어제까지만 해도 몸조차 가누지 못했거든요. 새벽 3시경, 성모님 상본을 보며 기도했답니다. 무슨 기도를 어떻게 했는지는 모르겠지만 하여간 그때부터 좋아졌답니다. 그날 복음이 주님의 기도였는데, '오늘 저희에게 일용할 양식을 주시고'라는 대목이 생생해졌습니다. 빵이 많아진 것만이 기적이 아니라 밥을 먹는 자체가 얼마나 감사해야 할 기적인지요.

회진을 온 의사는 머리를 갸우뚱하며 다시 일반실로 옮겨도 좋다고 했습니다. 마음 같아서는 정말 다 나은 것만 같았습니다. 그런데 … 카타리나 씨는 병실이 아니라 병원을 옮기고 싶어했습니다. 가톨릭 병원인 '빈센트'로 가는 것이 소원이랍니다.

아, 그놈의 소원! 마침 어느 외국인 환자를 데리고 성빈센트병원을 수시로 들락거려서 원목 수녀님과 가까웠습니다. 곧바로 성빈센트병원으로 달려가서 저도 수녀님께 매달렸죠. 딱 한 번만 소원을 들어달라고요. 어떻게 되었을까요?

바로 그 다음날 임종실의 환자가 병원을 옮기는 놀라운 일이 벌어졌습니다. 구급차에서 내려진 이동용 침대가 병원 입구에서 곧바로 호스피스 병동으로 올라가는 것을 지켜보면서 하느님의 개입을 정확히 느낄 수 있었습니다. 옮긴 병원, 빈센트에서 카타리나 씨는 평화로운 시간을 원 없이 보냈습니다.

"이제는 하늘에서 제가 신부님을 위해 기도할게요."

독한 진통제로 자꾸만 정신을 잃던 카타리나 씨가 눈에 힘을 모아 저를 보며 말했습니다. 그리고 그날 밤 하느님께서는 그 영혼을 데려가셨습니다.

이튿날 빈소에서 만난 남편은 아내가 죽음을 맞이하며 미소를 지었다고 전해 주었습니다. 장례미사를 드리면서는 카타리나 씨가 여전히 가까이 있다고 느꼈습니다.

과연 천국은 그리 멀리 있지 않습니다.

소중한 인연 때문에 천안의 병원을 계속 갔습니다. 얼마 지나지 않아 새댁 스콜라스티카 씨도 하느님의 부름을 받았습니다. "나이 많은 나부터 가야 하는데…" 하시던 착한 할머니도 마리아라는 이름으로 세례를 받고 하느님께로 가셨습니다. 더 오래 사셨으면 하는 바람은 사람의 욕심일 뿐, 천국의 그분들은 더 일찍 오지 못한 것을 아쉬워할는지 … 우리는 알지 못합니다.

주어진 인연 안에서 섭리를 발견하고 싶습니다. 그리고 소원이 생기면 카타리나 씨처럼 하느님께 말씀드리렵니다. 하느님이시라면 불가능한 일이 없다는 믿음으로 말입니다. 분명 하느님은 상상보다 훨씬 좋으신 분이니까요.

여인아…

전화가 울렸습니다. 사무실 직원의 내선입니다.

"신부님, 외부전화인데 김서영 데레사 자매님이랍니다."

생소한 이름이지만 연결해 달라고 했습니다.

"신부님, 신부님은 저를 모르시겠지만…."

"자매님이 누구신지 압니다."

저는 목소리만으로 대번에 알아차렸습니다. 사회복음화국 담당이던 저는 한 달에 한 번 인근 성당의 주일 밤 9시 직장인 미사를 드린 적이 있습니다. 어느 날 고해소로 한 자매님이 들어와서는 떨리는 목소리로 절망스런 심정을 토해 냈습니다. 저는 미사 중에 기도하겠다고, 용기를 내시라고 격려했습니다. 그런데 그 자매님이 그날의 손님 신부를 수소문한 다음 제가 있는 대리구청 사무실로 전화를 한 것입니다. 지푸라기라도 잡고 싶은 마음으로 전화했을 텐데 제가 그 목소리를 기억할 수 있어 다행이었습니다. 바로 약속을 잡아 자매님과 얼굴을 맞대고 이야기를 하게 되었습니다.

남편은 사기를 당하고도 누명을 써서 옥살이의 위기에 처했으며 아들은 뇌종양으로 의가사 제대를 했답니다. 듣기에도 참 가련했습니다. 그분의 부탁대로 남편을 위한 탄원서를 써 주었습니다.

다행이도 남편은 누명을 벗고 무혐의 선고를 받았습니다. 그러나 아들 베드로는 뇌를 잠식해 가는 종양으로 인해 몸을 가누기가 불편하여 집에서 외로운 나날을 보내야 했습니다. 겨우 이십대 초반입니다. 그저 제가 할 수 있는 일이라고는 직장에 다니는 엄마 대신 베드로를 집에서 데리고 나가 같이 밥 먹는 것밖에 없었습니다.

얼마 후 저는 미국 교포 사목으로 발령이 났습니다. 그런데 문제가 좀 생겼습니다. 비자가 나오지 않아 한국에서 대기 상태로 있어야 했습니다. 그렇지만 자매님에게는 아주 다행이었을 겁니다. 제가 허구한 날 베드로를 만나러 다녔으니까요.

그러나 결국 베드로는 병이 악화되어 입원을 했고 지능은 아이 수준으로 떨어졌습니다. 저는 병원에서 그 엄마가 장가를 들었을 나이의 아들의 대소변을 아무렇지도 않게 받아 내는 것을 보았습니다. 6인실인데도 부끄러운 내색조차 없었습니다(제가 아빠라면 못 했을 겁니다). 숭고한 감동을 느꼈습니다.

엄마의 헌신적인 간호에도 불구하고 베드로는 뇌압이 솟구쳐 어쩔 수 없이 뇌의 일부를 잘라 내는 수술을 해야 했습니다. 그러나 일시적으로 뇌압만 낮아졌을 뿐 생존할 수 있는 날이 얼마 남지 않았습니다. 당연히 제가 장례를 치러 하느님께 돌려보내야 할 인연이지만 아쉽게도 저는 한국을 떠나게 되었습니다. 그래서 다른 신부에게 정성껏 장례를 치러 주기를 부탁했습니다(박 요셉 신부 고마워요). 그리고 미국에 간 지 며칠 안 돼서 베드로의 임종 소식을 들었습니다.

신부들은 맡겨진 신자가 많은 만큼 참 다양한 일을 겪습니다. 그 중에서도 자식을 간병하는 그리고 먼저 떠나보내야 하는 부모의 슬픔을 보아야 할 때에는 너무나 괴롭습니다. 또한 선하신 하느님을 전하는 신부로서 면목이 없고 미안합니다. 그러나 그 어머니들은 그렇지 않습니다. 잔인한 하느님이라고 원망할 법도 한데 자식을 위한 기도를 포기하지 않았습니다. 오히려 잃었던 신앙을 되찾고 희미해진 믿음은 또렷해졌습니다.

오랜만에 미국에서 자매님과 통화를 했습니다. 직장을 그만두고 아들이 그토록 하고 싶어 했던 인터넷 쇼핑몰을 운영한다고 했습니다. 달궈지는 휴대폰으로 귀가 뜨거워지도록 울며 웃으며 얘기를 나눴습니다. 전화를 끊기 전 저에게 기도를 부탁하는데 이번에는 남편이 암이랍니다. 아….

성경에 이방인 엄마가 등장합니다. 다른 민족들에게 폐쇄적인 유대인들을 좋아하고 친하게 지내는 사람은 드뭅니다. 이스라엘 땅에서, 유대인들 틈바구니에서 사는 이방인, 그것도 여인이라면 그 신세가 얼마나 처량할는지 알 만합니다. 그 이방인 엄마가 예수님을 쫓아오면서 고래고래 소리를 질러 댑니다, 딸을 살려 달라고…. 오죽하면 듣다 못한 제자들이 주님께 '저 여자 좀 돌려보내시라'고 할 정도였겠습니까? 그렇지만 예수님께서는 여느 때와는 달리 이방인에 대해서는 관심이 없다고 딱 잘라 말씀하십니다. 바로 그때, 자신이 예수님 일행에게서 거론되자 그 이방인 엄마는 득달같이 나섰습니다.

"주님, 저를 도와주십시오."

엎드려 청을 드렸건만 예수님께서는 여전히 외면하십니다.

"자녀들의 빵을 집어 강아지들에게 던져 주는 것은 좋지 않다."

부드러운 표현으로 강아지이지 듣는 이에게는 '개'입니다. 예수님께서 사람을 개에 빗대어 말씀하시다니, 그것도 딸을 살리려고 납작 엎드린 여인에게….

자존심, 남에 의해 이게 무너질 때 얼마나 아픕니까? 그러나 스스로 자존심을 내던져야 할 때가 있습니다. 자식을 위해서라면 엄마는 당연히 그렇게 합니다. '그래요, 개라고 그러셔도 괜찮아요. 짖어 보라고 하시면 얼마든지 짖겠어요. 제 딸이 살 수만 있다면 무슨 일인들 못 하겠어요? 살려만 주세요. 뭐든 마다하지 않겠어요.' 그러고는 이렇게 말합니다.

"주님, 그렇습니다. 그러나 강아지들도 주인의 상에서 떨어지는 부스러기는 먹습니다."

이 지혜로운 답변에 주님께서 얼마나 탄복하셨을까요? 모르긴 몰라도 옆에 있었다면 예수님 입가에 살짝 스쳐가는 빛나는 미소를 볼 수 있었을 겁니다.

정말 지혜롭습니다. 생각을 하면 할수록 대견합니다. 개도 주인상에서 떨어지는 빵, 그 부스러기는 먹을 수 있다니…. 이 엄마가 나이가 많았겠습니까? 그 시절에 많이 배우길 했겠습니까? 서품을 받았다고 다 신부인가요? 아이를 낳았다고 다 엄마인가요? 신부가 되기도 어렵지만 진짜 신부가 되는 건 정말 어렵습니다. 저는 그저 신부 시늉만 겨우 하고 있을 뿐입니다. 진짜 엄마가 되는 것 역시 쉽지 않으리라 여깁니다. 그 진짜 엄마에게 예수님의 감탄과 칭찬이 이어졌습니다. "여인아! 네 믿음이 참으로 크구나."

주님의 이 찬사가 앞으로도 많이많이 이어지기를 희망합니다.

장인이 된 신부

광주성당에서는 매주 이주 노동자의 주일미사가 봉헌됩니다. 150명 정도가 성당에 오는데 대부분이 필리핀 사람입니다. 필리핀으로 의료봉사를 다녀온 인연으로 자주 가게 됐습니다. 이주 노동자들과 미사를 드리고 의료와 법률적 지원까지도 도와주시는 분은 오블라띠수도회의 마우리찌오Maurizio 신부님입니다. 이태리 분이신데 사랑이 많고 겸손하셔서 다들 몹시 좋아했습니다.

어느 주일, 신부님과 미사를 드리고 사무실에 들렀는데 출산이 임박한 필리핀 여인 제랄딘Geraldine이 신부님을 기다리고 있었습니다. 지금도 기억할 정도로 그녀는 불안에 가득 차 있었습니다. 우리말에 '출산은 제삿밥을 떠 놓고 치른다'고 했습니다. 아이를 낳는 것이 그토록 위험한 일인데 그녀는 첫 출산을 외국에서 해야 하는 상황이었습니다. 집에 돌아와서도 그녀의 표정이 자꾸만 떠올라서 제가 다 초조해졌습니다. 본당신부였을 때, 임신한 엄마들을 축복해 주고 아기를 낳으면 병원에 꽃을 사들고 찾아갔지만 이 정도의 심정은 아니었습니다. 이틀 후인 화요일, 마우리찌오 신부님으로부터 무사히 출산했다는 소식을 듣고 나서야 마음이 놓였습니다.

하시민 이번 일료 암게 돼, 출산에 따른 이주노동자의 상황은 안타까웠습니다. 불법체류자가 아이를 낳을 경우 보험 혜택이 전혀 없어 병원비를 도무지 감당할 수 없습니다. 더군다나 자연분만이 아니라 수술할 경우 그들 수준에서는 상상할 수 없는 비용이 듭니다. 신생아의 국적 문제도 생각과는 전혀 달랐습니다. 저는 그동안 어느 나라든지 자국의 영토, 영공, 영해 상에서 태어난 아기에게는 국적을 주는 줄로만 알았습니다. 그러나 대부분의 나라가 국적을 주지 않으며 우리나라도 마찬가지입니다. 다만 한 달의 유예기간을 주는데, 그 기간이 지나면 아기는 자동으로 불법체류자가 됩니다. 아마도 그만한 이유가 있겠지요.

그나마 이번 엄마의 경우에는 취업비자 기간이어서 보험 혜택과 정부로부터 50만 원의 지원을 받을 수 있었습니다. 하지만 보험과 정부보조는 말 그대로 보조일 뿐이었습니다. 그 착한 마우리찌오 신부님은 친정아버지처럼 부족한 병원비는 물론 분유와 기저귀, 아기옷 등에 들어갈 돈을 걱정하셨습니다. 신부님도 이태리 분이시니 같은 외국인 노동자로서의 넋두리였을 겁니다.

이 일이 있은 후, 회사 교우회를 방문할 때마다 사연을 소개하며 묻지도 말고 따지지도 말고 도와야 한다고 했습니다. NAVER 교우회와 한국도로공사 교우회에서 뜻을 모아 주었습니다. 병원비를 전하러 제랄딘을 찾아갔습니다. 불안과 초조에 떨고 있던 그녀와 만났던 것이 겨우 며칠 전이었습니다. 그러나 그날은 고마운 사람들로부터 받은 사랑에 웃고 울었습니다. 그녀의 얼굴이 환하게 피었습니다. 물을 주어서 핀 꽃이 아니라 정을 주어서 핀 웃음꽃이었습니다. 이보다 더 예쁜 꽃이 어디 있을까 싶었습니다.

그 후 일 년이 지나 제랄딘은 광주성당에서 혼인을 하게 되었습니다. 저도 당연히 초대받았죠. 하지만 안타깝게도 필리핀에서는 아무도, 부모님조차도 올 수가 없었습니다. 비행기값도 값이거니와 비자 발급이 만만치 않았기 때문입니다.

제랄딘은 평생에 한 번인 결혼식에 자기를 데리고 들어갈 아버지 역할로 하필이면 저를 지목했습니다. 당황한 나머지 한 발 물러서며 손사래를 쳤습니다. 하지만 '신부님이 아버지 아니냐?'며 눈물로 부탁하는데 마땅한 핑곗거리가 보이지 않았습니다.* 그렇게 해서 집전하는 신부와 결혼하는 신부가 함께 입장하는 일이 벌어졌습니다. 사람들은 이 흔치 않은 광경에 좋아라 박수를 쳤습니다. 저는 어디서 본 건 많아 가지고(진짜 많이 봤지요) 제단으로 오

---

* 필리핀에서는 아버지나 신부님이나 똑같이 'Father'라고 부릅니다.

르기 전, 신부의 손을 신랑에게 건넸습니다. 제가 낳은 친딸은 아니지만 인연으로는 제 딸이니까요. 가슴이 두근거렸습니다.

가끔 그날의 제랄딘을 기억합니다. 옛 어머니들은 아기를 낳으러 산방에 오를 때 댓돌에 신발을 벗어 놓으면서 '내가 다시 신을 수 있을까?'라고 생각했답니다. 아기를 처음 낳는 제랄딘도 얼마나 두려웠을까요? 병원에서 처음 제랄딘을 보았을 때의 불안한 눈빛을 기억합니다. 그 때문에 그녀가 도와달라는 말을 하지 않았어도, 제가 신부가 아니어도 무엇을 해야만 하는지 본능적으로 알 수 있었습니다. 성모님, 성모님도 그렇게 예수님을 낳으셨지요?

저는 2016년부터 5년 동안 미국에서 교포 사목을 했습니다. 영어의 벽은 히말라야보다 높았습니다. 긴 시간을 살았지만 제가 제일 많이 쓴 말은 '나는 영어 못 해요 I am not good at English'와 '좀 도와주시겠어요? Please help me'였습니다. 그리고 오죽하면 미국에 있는 동안 목표가 '병에 안 걸리는 것'과 '경찰한테 안 걸리는 것'이었겠어요? 이 역시도 순전히 영어 때문입니다. 언어와 문화가 낯설다 보니 늘어난 것은 눈치밖에 없습니다. 그러니 성당에서나 성직자 신분이지 성당만 벗어나면 영락없는 외국인 노동자 신세였습니다. 물론 어리바리한 저를 친절히 도와준 미국인들도 많았습니다. 그러나 아시아 사람에게 보내는 무시와 경멸의 눈초리는 인종차별의 쓴맛을 제대로 알게 해 주었습니다. 그걸 당할 때마다 스스로에게 말하곤 했습니다. '한국에 돌아가면 외국인 친구들에게 잘하자.'

미국에서 한국이 그리울 때면 가끔씩 보던 TV 프로그램이 있었습니다. 멀리 본국에서 아내와 아이들이 한국에서 일하고 있는 아빠를 몰래 찾아오는 내용입니다. 갑자스레 아들딸과 아내를 만난 남자들은 펑펑 울었습니다. 저도 따라 울었습니다. 고향과 가족에 대한 그리움에 서러움이 더해져 눈물로 쏟아졌을 겁니다. 노동자이지 노예가 아니거늘 함부로 반말하고 무시하는 한국인들이 왜 없었겠어요?

누구나 스스로 넉넉하지 않다고 생각합니다. 그러나 대부분은 '조금 더'를 채우지 못한 경우가 많습니다. 욕심은 버리는 것이 아니라 나눔으로 비우는 것이라 여깁니다. 아울러 누군가의 손길을 기다리는 사람들에게 눈길을 주어야 함을 잊지 않으렵니다.

우리 곁의 이방인 친구들에게도….

흥신소

평택엠마우스는 외국인 근로자들을 위한 복지 시설입니다. 대리구청에서 10분이면 걸어서 갈 수 있는 가까운 곳입니다. 그래서 평택으로 이사 온 후 처음으로 방문한 곳도 그곳이었습니다.

며칠 후, 시장나들이 갔다가 엠마우스에 들렀습니다. 운동복 차림이어서 그런지 저를 알아보지 못했습니다. 정확히는 아무도 눈길 한 번 주지 않아서 멀뚱멀뚱 서 있었습니다.

"어뜨케 오셨어요?" 한참 만에 누군가 관심을 보였습니다. 서툰 발음으로 보아 외국인인 듯했습니다(중국사람 왕아나 씨였습니다). 며칠 전에 왔던 신부라고 말하기가 뭣해서 그냥 배시시 웃었습니다. 마침 한국인 책임자가 등장했습니다. 그가 김우영 요셉이며 사무국장임을 금방 기억해 냈습니다. 그러나 그는 저를 아래위로 훑어보더니 대뜸, "우즈벡?" 했습니다.

웃음이 폭발했습니다. '내가 우즈베키스탄에서 왔다니…' 제 소개를 하자 그제야 다 같이 동네가 떠나가도록 웃었습니다.

평택엠마우스는 다국적 시설입니다. 그곳에서 일하는 식구 중에는 한국 사람, 중국 사람, 베트남 사람, 캄보디아 사람, 일본 사람, 러시아 사람, 방글라데시 사람 그리고 최근에 식구가 된 우즈베키스탄 사람 한 명이 있는데 그게 바로 저입니다. 그리고 더 다양한 국적의 사람들이 옷을 사고, 머리를 깎고, 치료를 받고, 잠을 자고, 밥을 먹고, 상담을 하며 미사를 봅니다.

또한 엠마우스에서는 네팔코리아해피드림(네코)이라는 단체를 운영 중입니다. 최일수 소장이 네팔로 파견되어 네팔어를 무료로 가르치는 문해학교와 한국으로 일하러 갈 사람들을 위한 한국어 학원을 운영합니다. 농사기술을 전수하는 농장도 있는데 그 농산물 수익금으로 네코의 운영비를 충당합니다.

문해학교 졸업식

저는 엠마우스에 자주 갑니다. 배고파도 가고, 답답해도 가고, 오라 해도 가고, 심심해도 갑니다. 가기만 하면 흥이 나고 신이 나니 그곳은 저에게 흥신소입니다. 한편으로는 지금의 행복한 일터가 되기까지 엠마우스 식구들이 감수해야 했을 그 아프고도 깊은 희생에 존경이 돋았습니다. 물론 그 우여곡절들은 현재에도 진행 중입니다.

봄이 한창이던 2015년 4월 25일, 네팔에서 7.8의 큰 지진이 났습니다. 네팔 노동자들은 가족의 생사를 확인하러 어떻게든 전화 연결을 시도했습니다. 그래서 그들로부터 뉴스나 신문보다 생생한 소식을 들을 수 있었습니다. 너무나 많은 사람들이 한날한시에 목숨을 잃어 시신을 화장할 나무조차 부족하다고 했습니다. 산 사람들도 계속되는 여진으로 인한 두려움에 집에서 잘 생각은 엄두도 못 내는 상황이었습니다.

불행히도 7.4 규모의 강진이 5월 12일에 또다시 들이닥쳤습니다. 마음은 이미 네팔에 가 있었지만 떠날 수는 없었습니다. 전문가가 아니면 재난 현장에서는 구호 대상자가 될 뿐이니까요. 더욱이 곧 있을 필리핀 의료봉사도 준비해야 하는 상황이었습니다. 있는 돈 없는 돈 박박 긁어모아 현장으로 보내는 것이 제가 할 수 있는 전부였습니다.

아, 네팔

해외원조는 제가 속한 사회복음화국 업무 중 하나입니다. 그러나 넉넉하지 않은 예산, 전문성 없는 저의 한계, 해외 출장의 부담 등으로 늘 어려움을 겪었습니다. 그래도 진실한 믿음만 있다면 다 된다고 여겨 왔습니다.

현장에는 분명히 답이 있습니다. 그래서 교황님께서도 양 냄새 나는 신부가 되라고 하셨을 겁니다. 지진으로 무너진 네팔에 가야 했습니다. 대리구장 김화태 신부님께서 흔쾌히 허락해 주셨습니다. 그분의 배려가 없었다면 죽어서 후회할 일로 남았을 것입니다.

엠마우스의 김우영 사무국장과 부리나케 구호활동을 짰습니다. 그리고 한 달의 준비 기간 중에 눈물 나도록 감사한 일들이 이어졌습니다. 직장 미사를 하고 있는 ㈜서림환경과 ㈜영일인더스트리 그리고 평택·오산·안성·화성 시청교우회와 네팔 요리사를 고용하고 있는 레스토랑(모티마할)에서 도움의 뜻을 모아 주었습니다.

당시 우리나라는 메르스로 인한 비상사태 중이었고 더구나 제가 사는 평택은 메르스의 진원지였습니다. 그래서 큰 기대는 못했는데 착한 마음들은 식지 않았습니다.

네팔에 도착해서 계획대로 피해지역들을 찾아갔습니다. 첫 방문지는 산 위의 마을이었습니다. 꼬불길을 한참 오르자 수도 카트만두 시내와 그 너머 설산이 보였습니다. 마을에 들어서자 무너진 집들이 먼저 눈에 들어왔습니다. 학교도 무사하지 못해서 학생들은 동네 공터의 천막에서 수업을 듣고 있었습니다. 안타까운 맘으로 흉물스럽게 변한 학교를 둘러보다가 문득 의문이 생겼습니다.

'왜 하나도 치우지 않았지?' 다시 보니 부서진 집들도 거의 그대로였습니다. 지진이 난 지 두 달이나 지났음을 생각하자 실망스럽게만 보였고 돕고 싶은 열정이 급속도로 식어 갔습니다. 함께 간 사람들에게 머리를 흔들었습니다.

"우리 마을에서만 27명이 죽었습니다." 마을의 이장이라고 했습니다. 그는 마을 상황에 대해 긴 설명을 했지만 27명이 죽었다는 말 외에는 귀에 들어오지 않았습니다. 저는 너무나 경솔하게도 그들이 게으르다고 판단했습니다. 마을의 크기로 보아 다섯 명 중 한 명은 목숨을 잃었으니 일이 손에 안 잡히는 것이 당연했습니다. 정말 죄송했습니다. 어떤 방식으로든 지원할 것을 약속했습니다.

그 다음날부터 방문한 산골 마을들은 피해가 더 심각했습니다. 마을로 올라가는 길은 군데군데 산사태로 막혀 있었습니다. 차로 갈 수 있는 막다른 곳까지 마을 사람들이 내려왔습니다. 아주머니들도 그 무거운 구호물품을 지고 가뿐히 올라갔습니다. 마을에 도착해 보니 성한 곳이 없었습니다. 당시의 처참한 상황이 상상되었습니다. 이 집 저 집에서 많은 사람들이 순식간에 절명했을 것입니다. 심각한 부상자들도 다수였겠지만 지진으로 길이 끊겼으니 병원까지 갈 방법도 함께 끊어졌습니다. 물론 병원에 간다 해도 치료받을 보장은 없습니다. 결국 가족이, 친구가 죽어가는 모습을 고스란히 지켜봤을 텐데…. 처절한 고통과 슬픔이 느껴졌습니다. 그렇게 만여 명이 목숨을 잃었습니다.

지진은 멈추었지만 살아남은 자들의 불안과 두려움은 여전했습니다. 지진이 났을 때 3층 사무실에 있던 네코의 최 소장은 혼비백산하여 1층으로 탈출했는데 그 후유증으로 한동안 자기 사무실에 들어가지도 못했습니다. 그리고 여전히 엘리베이터는 커녕 2층도 불안해했습니다.

일정 중에 짬을 내서 최 소장이 강가에 있는 화장장으로 안내했습니다. 숙소인 그의 집에서 도보로 20분쯤 떨어졌고 한 번에 55구를 화장할 수 있는 큰 화장장이었습니다.

너무나 많은 사람들이 죽은 그날, 화장장은 비좁았습니다. 힌두

문화에서는 죽으면 24시간 내에 화장을 해야 합니다. 시간을 지체할 수 없는 사람들은 아무데서나 불을 피웠고, 심지어 강바닥에서도 … 그래서 태울 나무조차 부족했습니다. 그 연기와 냄새가 온 카트만두 시내를 뒤덮었습니다. 그렇게 지진이 뒤흔들고 간 자리에 혼돈과 슬픔만 남았습니다.

한국으로 돌아와야 하는 날이 되었습니다. 이른 새벽, 최 소장은 4백 년의 세월이 멈춘 박타푸르Bhaktapur라는 곳으로 저를 안내했습니다. 그가 네팔에서 제일 사랑하는 곳인데 이번 지진으로 큰 피해를 입었다고 했습니다.

과연 박타푸르는 정말 아름다운 곳이었습니다. 그래서 더 참혹했습니다. 곳곳에 사람이 살았었을 흔적들만 덩그러니 남아 있었습니다. 사진을 찍기조차 미안했습니다. 셔터를 누르는데 건물이 무너지는 모습과 사람들의 비명소리가 느껴졌습니다.

갑자기 누군가의 울음소리가 들렸습니다. 최 소장이었습니다. 도자기를 말리던 그 평화롭던 마당에서 통곡하고 있었습니다. 손이라도 얹어 위로해 주지 못해서 지금도 미안합니다. 저도 간신히 눈물을 참고 있었기 때문입니다.

귀국해서는 슬픔의 봉인이 풀린 듯했습니다. 공항에서 집으로 돌아오는 차 안에서부터 눈물이 흘렀습니다. 일주일 내내 시도 때도 없이 주르륵 쏟아졌습니다. 사람의 삶이 하찮고 허망하게만 느껴졌습니다.

단명하는 집안 내력으로 나도 65세까지 살 것이라 예상해 왔습니다. 그리고 그것은 40년 같은 20년을 살아야 할 이유가 되었습니다. 그런데 이번 일을 겪고 나니 성실히 살 필요가 없어졌습니다. '열심히 살면 뭐하나? 언제 죽을지도 모르는데….' 검정 붓칠 한 번에 노란 희망도 붉은 열정도 사라졌습니다.

어떻게든 이 상황을 떨쳐 내려고 운동을 과격하게 했습니다만 삶의 의욕이 쉽게 돋아나지를 않았습니다. 그렇게 무기력한 한 달을 보냈습니다.

"사람은 죽기 위해서 산다." 눈이 번쩍 뜨였습니다. 어느 장례미사에서 하신 조욱현 신부님의 강론이었습니다. 죽음에 관한 심오한 설명이 저의 무기력을 풀어 준 것이 아닙니다. 그냥 그 말씀을 듣는 순간 기운이 돋았습니다.

'천국은 어떤 곳일까?' 요즘 들어 부쩍 궁금하고 호기심이 생깁니다. 한 가지 틀림없는 사실은 천국에는 국적이 없다는 것입니다. 우리가 이미 천국의 시민이라면 민족과 나라의 경계가 있어서는 안 됩니다. 가족처럼 서로 도우며 사이좋게 살면 참 좋겠습니다.

너 구룽이지?

이듬해 네팔로 봉사활동을 갔습니다. 숙소는 현지인 러릿 씨의 집이었습니다. 이른 아침에 많은 사람들이 근처의 불교 사원에 들러 기도한 다음 학교와 직장으로 가는 모습을 보았습니다. 저도 산책 삼아 사람들 틈바구니에 끼어 그곳에 다녀오곤 했습니다.

저는 그 사원에 입장료가 있는 줄은 정말 몰랐습니다. 매번 당당히 들어갔습니다. 나중에는 손까지 쳐들고 인사하며 출입문을 통과했습니다. 그런데 알고 보니 외국인은 입장료가 있더라고요. 일행들은 제가 네팔 사람과 비슷하게 생겨서 돈을 안 받은 것이라며 놀려 댔습니다. 아뿔사! 그 말이 사실이었습니다. 네팔에서 "너 구룽이지?"라는 질문을 현지인에게 세 번이나 들었으니까요.

구룽? 대체 구룽이 뭔가 했더니 30개가 넘는 네팔 부족 중의 하나랍니다. 처음에는 그냥 그러려니 했는데 자꾸 듣다 보니 관심이 쏠렸습니다. 구룽족은 몽골 계열 부족으로 산악지대에 살며 히말라야 등반을 돕는 세르파와 용병으로 유명합니다. 한국 전쟁 때에는 영국군으로 참전하여 용맹을 떨쳤고요.

그 구룽족이 살고 있는 구르카 지역이 이번 지진의 진원지여서 큰 피해를 입었습니다. 저와 닮았다는 구룽족을 찾아가 작은 도움이라도 되고 싶었습니다. 하지만 시간은 없고 거리는 멀고 길은 망가져서 갈 수가 없었습니다. 못내 아쉬웠습니다.

이듬해 봄, 해외원조에 관심이 깊은 신원건 형제를 알게 되었습니다. 그가 네팔의 지진 지역에 학교 지원을 한다는 말을 들었을 때 너무너무 반가웠습니다. 좋은 동지를 만났으니까요. 뿐만 아니라 구룽족이 많이 사는 구르카 지역을 돕고 있으며 이번 여름에 방문할 계획이 있답니다. 생각할 겨를도, 필요도 없었습니다. 당연히 가야죠. 구룽족이 저를 부르고 있으니까요.

구르카 지역은 네팔의 수도 카트만두에서도 꽤나 먼 거리에 있었습니다. 그리고 지원할 학교가 있다는 따뿌레 마을은 구르카에서 사륜구동 자동차로 바꿔 타고 한참을 더 올라가야 했습니다. 험한 산길인 데다가 우기까지 겹쳐 진흙탕에 빠진 차를 몇 번이나 밀어야 했는지 모릅니다.

힘들게 도착한 따뿌레 마을은 이슬람교인과 힌두교인이 함께 살고 있는 흔치 않은 곳이었습니다. 종교뿐만 아니라 민족도, 생김새도 다른 사람들이 모여서 평화롭게 살아왔습니다. 이슬람 사람들은 하루에 다섯 번 '아잔'이라는 기도를 하는데 보통은 큰 스피

커를 통해 우렁차게 합니다. 그런데 따뿌레 마을에서는 육성으로 했습니다. 힌두교를 믿는 이웃을 위한 배려입니다. 학교 안에서도 복장만 다를 뿐 종교 간의 어떠한 차별이나 갈등이 보이지 않았습니다. 교장인 미야Miya 선생님은 이슬람교인인데도 스스럼없이 힌두교인이 쓰는 모자인 네팔캡을 썼습니다. 그의 말입니다. "제 안에는 힌두 피와 이슬람 피가 섞여 흐릅니다. 힌두 아이들과 이슬람 아이들이 함께 학교에 오기 때문입니다."

그런 착한 마을에 큰 지진이 났습니다. 지진의 근원지인 구르카 지역 중에서도 따뿌레 마을은 그 피해 규모가 엄청났습니다. 도로뿐만 아니라 기름, 전기, 식량 … 모든 것이 끊겨서 복구는 힘들고 더뎠습니다. 그럼에도 불구하고 따뿌레 마을은 빠른 시간 내에 학교를 재건해 냈습니다. 네팔 내에서는 아주 드물고 모범적인 사례여서 대통령도 그 마을을 방문할 예정이랍니다.

이 모든 일은 한 사람의 희생 어린 사랑이 있기에 가능했습니다. 아르준Arjun, 그는 수도 카트만두에서 한국인을 상대로 여행사를 운영합니다. 지진이 발생하자 그는 그동안 안내했던 한국 손님들에게 구호 요청을 했습니다. 하지만 아무리 선행이라 해도 여행 중에 만났던 외국인 가이드의 송금 요청을 쉽게 들어줄 리는 없습니다. 그런데 … 한국에서 송금한 돈은 5천만 원이 넘었습니다. 그가 여행객들에게 어느 정도로 성실히 임했는지 짐작할 수 있었습니다.

심지어 학교를 지어 주겠다는 단체도 나타났습니다. 덕분에 아르준 씨는 그 고마움을 갚고자 따뿌레에서 살다시피 했습니다. 그가 사는 카트만두에서 따뿌레까지는 왕복 15시간이 걸리는데 그 멀고도 험한 길을 50번 이상 왕래했습니다. 자연히 사업은 뒷전이었고 부인에게는 출장 간다고 속일 수밖에 없었습니다. 그리고 일 년 후 폐허 위에 새 학교가 세워졌습니다. 그는 구룽족이 아닙니다.

원래는 학교에 새 책걸상을 마련해 주는 것이 제 역할입니다. 하지만 아르준 씨의 헌신적인 희생을 안 이상 저도 가만히 있을 수가 없었습니다. 저는 '구룽'이니까요. 나름 살펴본 결과 도서관이 없다

아르준 씨와 신원건 형제

는 것을 발견했습니다. 아르준 씨에게 도서관이 필요하지 않느냐고 물었습니다. 그가 환하게 웃었습니다. 저도 기분이 좋아졌습니다.

주님께서는 좁은 문으로 들어가라고 하셨습니다. 아르준 씨야말로 좁은 문에 이르는 길을 선택했고, 그리로 향하는 여정은 힘들고 대단히 험난했습니다. 그러나 그가 좁은 문을 향해 발길을 내딛자 많은 이들이 함께해 주었고, 좁은 문이 열리자 더 많은 사람들이 혜택을 받았습니다. 과연 문만 좁을 뿐입니다.

숭고한 희생이 외롭지 않도록 좁은 문을 향해 가는 사람을 발견하면 망설이지 말고 그 길을 함께 달릴 것을 다짐해 봅니다.

적선여경 積善餘慶

불가촉천민不可觸賤民인 달리트! 브라만·크샤트리아·바이샤·수드라로 나뉘는 카스트 계급에조차 속하지 못하는 사람들입니다. 말 그대로 일반인과 어떠한 접촉도 해서는 안 됩니다. 부정을 탄다고 여겼으니까요. 당연히 같은 우물물을 마셔도 안 됩니다. 우물이 오염되니까요. 상위 계급과 피부라도 스치는 날에는 죽임을 당하기까지 했습니다. 지금은 법으로 금지한 카스트 제도이지만 인도와 그 주변 국가의 저변에는 여전히 뿌리 깊이 존재합니다.

히말라야가 보이는 네팔의 산골 학교에 다녀왔습니다. 거기서 2백여 명의 다람쥐 같은 아이들과 만났습니다. 하늘의 별들이 내려앉은 양 눈망울이 초롱초롱했습니다. 같이 웃고 춤추고 노느라 정작 간 목적인 컴퓨터 교실과 도서관은 뒷전이었습니다.

그 애들의 90%가 불가촉천민입니다. 부정 탄다니 참 웃기죠. 함께 놀면서 덩달아 순박해지고 선량해졌는데 말입니다.

하지만 가난은 어쩔 수 없는 카스트의 슬픈 잔재입니다. 한 시간쯤은 보통으로 학교에 오가는 아이들인데 배고픔을 달고 삽니다. 아픈 게 아니라 먹지 못해서 우는 제자들을 보다 못한 선생님들이 팔을 걷어붙였습니다. 마련한 것은 비록 우유 한 잔과 비스킷 몇 조각이지만 학생들은 허기를 면할 수 있었습니다.

그렇게 전교생을 먹이는 비용이 4백 달러(48만 원)입니다. 하루가 아니라 한 달에 4백 달러입니다. 3백 달러(36만 원) 남짓의 월급을 받는 선생님 열 명이 십시일반 모아서 감당하는 귀한 돈입니다. 그 사연을 들으며 감동만이 눈물과 미소를 동시에 짓게 한다는 걸 알았습니다. 진리는 불변하지만 사람은 필변해야 한다고 배웠습니다. 변하지 않는 것은 사랑이고 그 사랑으로 사람이 변합니다. 그리고 사랑은 남을 바꾸기 전에 먼저 나를 변화시킵니다.

저는 '돕는 즐거움'이란 꿈을 꾸며 살아왔습니다. 이곳에서 아끼고 모은 돈이 가난한 나라에 가 닿으면 생기는 혜택과 기회를 알기 때문에 희생을 감수할 수 있었습니다. 감사하게도 돕고 싶은 곳은 다 도울 수 있었고 그때마다 기쁨으로 전율했습니다. 과연 선을 쌓으면 경사가 따라옵니다 積善餘慶.

꿈을 꾸는 데 돈은 필요치 않습니다. 그러나 가난이 꿈을 꺼뜨릴 때가 있습니다. 꿈이 꺼지지 않도록 도와준다면 얼마나 고귀한 일일까요? 물론 돈을 번다는 것은 가혹한 일입니다. 우리 중 어느 누구도 정승처럼 버는 사람은 아무도 없습니다. 오죽하면 직장을 전쟁터라고 하겠습니까? 하지만 그렇게 번 소중한 돈, 씀씀이도 소중해야 하지 않을까요?

'개처럼 벌어서 정승처럼 쓰라고 했는데, 개처럼 버는 건 누구나 알려 주지만 정승처럼 쓰는 건 아무도 가르쳐 주지 않는다.' 돈을 그린 일랑 이종상 선생이 해 준 말입니다. 또한 선생은 사람에는 귀천이 없어도 돈에는 분명 귀천이 있다고 했습니다. 그렇죠, 유흥비 백만 원과 장학금 백만 원은 같을 수가 없으니까요. 만일 사람을 귀한 사람과 천한 사람으로 나눈다면, 이 또한 돈을 어떻게 버느냐가 아니라 어떻게 쓰느냐에 달렸지 않을까요? 정승처럼 쓰느냐, 개처럼 쓰느냐에.

사람은 마음을 펴고 손을 펴고 살아야 합니다. 그래야 편합니다. 예수님께서 손에 못 박히신 것도 분노로 말아쥐지 말고, 욕심으로 움켜쥐지 말라는 의미가 아닐는지요.

사람은 누구나 꿈쟁입니다. 나를 인도해 주는 그 꿈, 밤에 꾸지 말고 낮에 꿉시다. 그리고 그 꿈자락 하나에 베푸는 꿈도 달려 있기를 바랍니다. 진짜 꿈은 무엇이 되는 것이라기보다 무엇을 하는 것이니까요.

건네십시오. 헌혈하듯 말입니다. 누군가는 살아납니다. 지구는 우리가 잠시 세 들어 사는 곳이니 좋은 흔적 남기고 가야 하지 않겠어요?

우리 아버지는 부자예요

'마흔이면 얼굴에 책임을 져야 한다'는 말이 있습니다. 얼굴은 살아온 흔적이니 옳은 말입니다. 그러나 다가올 미래도 현재의 얼굴 모습을 만듭니다. 미래에 대한 꿈이 있는 사람은 눈이 반짝거리고 얼굴에 빛이 납니다. 선명한 꿈은 섬세한 계획을 세우게 하고 강력한 기운을 불러일으키기 때문입니다. 꿈으로 인한 기운이 얼굴에 서리기 마련이니 얼굴에는 그 사람의 미래가 이미 담겨 있습니다. 나의 꿈도 소중하지만 남의 꿈도 중요합니다. 그래서 눈이 빛나는 꿈쟁이를 만나면 반갑고, 기운을 주고받고 싶습니다.

언젠가 해외 오지에 도서관을 짓는 꿈을 지닌 청년의 이야기를 신문에서 읽었습니다. 히말라야를 등반하던 사내랍니다. 히말라야를 오를 때에는 반드시 짐꾼을 고용해야 하는데 그들의 일당이 5천 원이라고 했습니다. 제대로 된 장비도 없이 그 추운 날씨에, 그 험한 지역을, 그 무거운 짐을 지고 오르는데도 말입니다. 그들에게 무엇을 위해 이렇게 힘들고 위험한 일을 하느냐고 물었더니

'가난을 대물림하지 않으려면 자식들을 가르쳐야 하는데 그러려면 이 위험스런 고생을 감수할 수밖에 없다. 그러나 그렇게 해서 학교에 보내도 학교에는 책이 없다'고 답하더랍니다. 충격을 받은 그는 그날로 등반을 포기하고 산을 내려가서 책을 산 다음 짐꾼들의 마을에 책을 전달했습니다. 그렇게 시작한 일, 이제는 천 개의 도서관을 꿈꾼다고 합니다. 가슴이 뛰었습니다. 더군다나 그는 삼십대 초반이었습니다. 나이마저 신선했습니다. 그에게 영어책을 모아 주었고, 도서관을 지을 수 있도록 동지가 되어 주었습니다. 그가 감사하다며 말했습니다.

"신부님이 무슨 돈이 있어서 저를 이토록 도와주십니까?"

"우리 아버지는 부자예요."

그가 이 말의 의미를 아는지 모르겠지만 저는 제가 한 말에 스스로 감탄했습니다.

그 일이 있은 지 얼마 후, 아프리카의 어느 현장에서 버스가 필요하다는 소식을 들었습니다. 여러 사람과 뜻을 모았지만 버스를 사기에는 터무니없이 부족했습니다. SPC그룹을 찾아갔습니다. 성당을 지을 때 큰 도움을 받은 고마운 회사였습니다. 회장님을 만나서 상황을 설명하고 꼭 도와주셔야 한다고 졸랐습니다. 거절할 분이 아니란 것을 알지만, 아프리카에서 목숨을 내놓고 일하는 선교사들의 현실 때문에 생떼를 썼습니다.

"신부님은 저희를 물주로 아시나 봐요." 웃으며 말씀하셨습니다. 승낙의 의미였습니다. 마음이 놓인 나머지 나도 모르게 그만 "그럼요."라고 대답했습니다. 아차 싶었지만 돌이킬 수는 없었습니다. 언제는 우리 아버지가 부자라고 하더니만…. 내 믿음의 깊이가 들통 나서 너무나 한심스러웠습니다. 하느님께 다시는 안 그러겠다고 싹싹 빌었습니다. 그때가 사순시기였는데 부끄럽고 죄송스러운 맘은 부활절이 되어서도 가시지를 않았습니다.

친구와 기숙사

　이성만 신부는 같은 해에 신학교에 입학했고 같은 해에 사제가 된 제 친구입니다. 멀리 미얀마에서 사목하고 있는 그와 오랜만에 통화를 했습니다. 깔깔대며 서로의 근황과 친구들의 소식을 나누었습니다.
　"성만아, 내가 뭐 도와줄 일 없을까?"
　외국에서 고생하는 그에게 작은 도움이라도 주고 싶었습니다.
　"응, 있어. 기숙사 하나만 지어 줘."
　마치 기다렸다는 듯이 대답했습니다. 어라, 생각했던 수준이 아니었습니다. 괜히 물어보았다고 후회했습니다만 주워 담을 수도 없었습니다. 하는 수 없이 다시 물었습니다.
　"얼마면 지을 수 있어?"
　"3천만 원이면 돼."

제 수중의 돈으로는 어림도 없는 액수였습니다. 하지만 불가능한 액수도 아니었습니다. 힘껏 던지면 닿을 수 있을 것만 같았습니다. 하기야 사고는 치라고 있는 것이니….

"내가 해 볼게."

"하느님, 감사합니다."

황당했습니다. 짧은 순간이었지만 저에게는 강력한 용기가 필요했습니다. 그래서 '재웅아, 고마워. 넌 역시 내 친구야. 넌 정말 의리 있어. 넌 정말 좋은 신부야' 이런 말을 들을 줄 알았습니다. 그런데 그는 하느님께 감사를 드렸습니다. 아마도 하느님께 줄기차게 졸라 대고 있었던 모양입니다.

자초지종을 들어 보니, 기숙사가 필요한 성당은 미얀마에서도 촌구석에 있었습니다. 오랜 불교국가인 미얀마에서 성당 내 기숙사는 거의 유일한 선교의 장입니다. 그래서 포기할 수 없는 숙원사업인데 현지 성당의 형편으로는 비용을 감당할 수 없어서, 한국 신부인 자기에게 도움을 청해 왔다고 했습니다. 그러나 이 신부의 성당도 열악하기는 마찬가지여서 한국에 들어와 모금할 생각이었답니다. 그런데 이 상황을 어떻게 알고 한국의 친구가 '뭐 필요한 게 없냐?'고 물어 온 것입니다. 그는 손 안 대고 코 풀었다고 쾌재를 불렀고, 저는 제대로 코 꿰였다고 머리를 긁었습니다. 곧바로 통장을 정리하고 적금을 해지했습니다.

미얀마! 버마와 같은 나라인지도 몰랐습니다. 버마라 해도 아웅산 폭발 사건이나 기억하지 제게는 낯선 나라였습니다. 한 번도 가 본 적 없지만 그곳의 학생들이 성당에서 머물며 하느님을 알고 학교도 다니는 상상을 하니 의욕과 사명감이 돋아났습니다. 만나는 사람들에게 미얀마 타령을 하고 다녔습니다. 아예 비행기 티켓을 예약했습니다. 친구도 보고 싶고, 현장도 확인하고 싶었습니다.

그러나 일의 진척이 더뎠습니다. 출국을 얼마 앞두고 통장을 보니 목표액에 비해 천만 원이나 모자랐습니다. 있는 돈 없는 돈 싹싹 긁어모았는데, 빚을 내서 가게 생겼습니다. 도저히 납득할 수가 없었습니다. '하느님의 일은 불가능한 것이 없다'는 신념이 흔들렸습니다(지금에야 말이지만 당시엔 얼마나 낙심했는지 모릅니다).

며칠 후, 환전을 위해 최종적으로 잔고를 확인했습니다. 그런데 이게 웬일! 그 사이 통장의 앞자리 숫자가 바뀌어 있었습니다. 송금자의 이름을 확인하니 변 베드로 형제였습니다. 전화를 걸어 백만 원 부치려고 했는데 잘못 보내신 것 아니냐고 물었습니다. 그분은 자기에게도 꼭 필요한 돈이기는 하지만 신부님이 더 필요하실 듯해서 부쳤다고 했습니다. 그분은 겨우 일 년 전에 병원에서 저에게 세례를 받았고 여전히 투병생활 중입니다. 예전에 계좌번호를 물어본 적이 있었는데 이렇게 꼭 필요한 때에, 꼭 필요한 만큼을 도와주실 줄이야…. 상심해서 투덜거린 제 자신이 부끄러웠습니다.

홀가분한 마음으로 미얀마에 도착했고 반가운 친구와 만났습니다. 그러나 안타깝게도 그 나라의 사정상 기숙사를 세울 성당까지는 갈 수가 없었습니다. 대신 현지 신부님이 수도 양곤으로 나왔습니다. 조촐한 전달식 내내 그 신부님은 기뻐서 어쩔 줄 몰라 했습니다. 신부님에게 후원금을 받았다는 수령증을 부탁했더니 당황스럽게도 무릎을 꿇고 작성했습니다. 아무런 자존심도 없었습니다. 오직 감사만이 있을 뿐이었습니다.

전화 한 통화로 시작된 주님의 계획이 그렇게 마무리되었습니다. 저는 비록 빈털터리가 되었지만 깊은 감동으로 풍요로워졌습니다. 과연 줌으로써 얻고 비움으로써 채운다는 것을 또다시 체험했습니다. 도움을 준 분들에게 하느님께서 넘치도록 채워 주시기를 청합니다. 또한 혜택을 받을 학생들이 미얀마의 소중한 일꾼으로 성장하기를 기도드립니다.

"성만아, 잘 지내지? 미얀마에서도 너는 여전히 기운이 넘치더구나. 밝고 긍정적인 네 모습 늘 보기 좋아. 언제나 행복하렴. 사랑한다, 친구야."

날벼락과 감사

"신부님, 큰일 났습니다. 우리 성당 교우의 집이 벼락에 맞아 홀랑 타고 말았습니다. 더군다나 다음 주에 세례 받을 부부의 집입니다. 이를 어쩌지요?"

토마스 형제의 전화였습니다. 사회복지분과장인 그는 어려운 이웃을 돕는 일에 착실한 형제인데, 아니나 다를까 그가 전한 소식은 안타까울뿐더러 난감하기마저 했습니다. 누구나 좋은 일을 기대하며 하느님을 찾아오기 마련이지, 날벼락을 맞는다면 성당에 올 사람이 누가 있겠습니까? 걱정스러운 맘에 먼저 본당신부에게 전화를 걸었습니다.

"김 신부, 소식을 들었어. 얼마나 곤혹스러워?"

"그러게요. 저도 처음엔 정말 당황스웠습니다. 하지만 지금은 오히려 그분들이 참 고맙습니다."

"고맙다니, 아니 왜?"

"형제님께서 그러시더군요. '벼락이 치던 그때 마침 집사람이 성경을 쓰고 있었습니다. 그래서 하느님께서 보호해 주셨습니다. 비록 집은 잃었지만 사람은 무사하니 감사드립니다.' 그러니 얼마나 고마운 일입니까? 더군다나 예비신자인데 말입니다."

본당신부의 말을 듣는데 도무지 믿겨지지가 않아서 이튿날 바로 불행의 현장인지 축복의 현장인지 헷갈리는 그 불탄 집을 서둘러 방문했습니다. 지은 지 겨우 4년밖에 안 된 집이라고 했습니다. 화재로 인해 자녀들은 친구집과 친척집으로 뿔뿔이 흩어졌고, 부부는 마을회관에서 임시로 지내야 할 상황이었습니다. 불편함도 불편함이지만 집을 새로 지으려면 만만치 않은 빚을 져야만 했습니다. 그런데도 부부는 살려만 주신 것으로도 주님께 감사드린다고 하니 날벼락보다도 그 감사가 훨씬 더 놀라웠습니다. 진심으로 돕고 싶었습니다. 내 일처럼 도움을 청하러 여기저기 뛰어다녔습니다. 그리고 생각보다 큰 도움을 드릴 수 있었습니다.

얼마 후, 토마스 형제에게 그분들이 세례 받으셨는지를 물었습니다. 토마스 형제는 자기 본당 역사상 그렇게 감동스러운 세례식은 없었다고 했습니다. 시골이니 성당식구들이 얼마나 따뜻한 위로와 축하를 해 주었을지가 상상이 되었습니다. 감사의 결과는 참으로 놀랍고 신비로웠습니다.

곰곰이 생각해 보았습니다. 그 부부는 얼마든지 하느님을 원망하며 세례를 거부할 수 있었습니다. 만일 그랬다면, 성당에 나가면 벼락 맞는다는 흉흉한 소문은 그 작은 마을에 속속들이 퍼져 나갔을 것입니다. 그러나 두 분은 감사하는 마음으로 세례를 받았습니다. 그리고 '재산은 잃었지만 그보다 훨씬 더 중요한 것을 얻었다'고 했습니다.

이 일을 통해 내 삶의 자세를 반성하게 되었습니다. 저는 얼마나 과분한 은총을 받고 있는지 알고 있습니다. 동시에 얼마나 감사에 인색하고 분노에 너그러운지는 더 잘 알고 있습니다. 왜 평소에 감사하라는지, 왜 감사를 반복해서 습관으로 길들여야 하는지를 깊이 새겼습니다. 하루하루 작지만 보석처럼 빛나는 감사할 일들을 발견하려 합니다. 언젠가 날벼락과 맞닥뜨렸을 때 저도 감사의 기적을 만나고 싶어서입니다. 감사하면 감사할 일이 생긴다고 했으니 저에게도 꼭 그렇게 되기를 희망합니다.

선생복종 善生福終

노숙자를 위한 무료 급식 시설인 안나의 집에 있던 중, 원목실에 계시는 스텔라 수녀님의 전화를 받았습니다.

"신부님, 병원으로 어서 와 주세요. 환자 한 분이 임종을 맞이하고 있습니다. 216호실이에요."

"예, 수녀님, 잠시만 기다려 주세요. 곧바로 가겠습니다."

사제에게 병자성사만큼 시급한 일이 어디 있을까요? 서둘러 보바스병원으로 내달렸습니다.

김하종 신부님은 노숙자를 위해 일하십니다. 우리가 해야 할 일을 외국분이 하셔서 죄송하고 감사합니다.

병실에 도착하니 가족이 모여 있었습니다. 할머니는 주무시는 듯 누워 계셨고, 평소에 열심히 기도하시던 묵주를 쥐고 계셨습니다. 평온한 모습으로 주님의 부르심을 기다리셨지만 숨이 고르셔서 아주 다급한 상황은 아닌 듯 보였습니다. 바로 병자성사를 시작했습니다. 할머니에게는 마지막이 될 기도였으니 집전하는 사제로서 온 정성을 다했습니다.

이마에 성유를 바르면서 하느님께 청했습니다.

"하느님, 한평생 당신을 섬기며 살아온 주님의 딸입니다. 이 성유로써 그 증거를 남기니 반드시 직접 데려가 주십시오."

두 손을 머리에 얹고 다시 청하였습니다.

"어느 누가 당신 앞에 떳떳할 수 있겠습니까? 그저 아버지의 자비하심에 의지하며 이 영혼을 맡깁니다."

안수를 마치고 눈을 떠 보니 그 사이에 할머니가 숨을 거두셨습니다. 병자성사 중에 부르심을 받으셨으니 참으로 복된 임종이었습니다. 상주가 된 아들에게 어머니가 복받은 분이시라고 말했습니다. 그도 모친께서는 실제로 복이 많았다고 했습니다. 고인의 선한 삶을 짐작할 수 있었습니다. 선생복종善生福終이란 말이 떠올랐습니다. 삶이 마감되는 자리에서 축복을 빌어 주고, 실제로 하느님의 큰 복을 목격하니 감동스러웠습니다. 대리구청에 돌아오자마자 박을순 라삐아 할머니를 위한 임종미사를 올렸습니다.

하느님께서 친히 준비해 주시는 임종을 목격한 것은 이번만이 아닙니다. 보좌신부 때의 일이었습니다. 김춘호 주임신부님께서는 흐트러짐 없는 선비셨습니다. 술은 쳐다도 안 보셨고요. 그런 신부님을 본당 회장님들은 존경하면서도 어려워했습니다.

그러던 어느 날, 사목회의가 끝나고 회장님들은 기어코 술자리를 만들었습니다. 집단 사표라도 낼 태세였습니다. 이번에는 어쩔 수 없으실 줄 알았는데 신부님께서는 어김없이 술을 멀리하셨습니다. 골이 잔뜩 난 회장님들의 술잔은 고스란히 보좌신부인 제게로 내밀어졌습니다. 피할 수 없는 술잔들은 주량을 넘어 치사량에 가까워졌고 정신은 점점 가물가물해졌습니다. 술자리의 파함을 알리는 마침기도는 차라리 복음이었습니다. 비틀비틀 사제관으로 올라와 쓰러져 잠들었습니다.

전화벨 소리에 잠이 깼습니다. 아버지께서 돌아가실 듯하니 어서 와 달라고 했습니다. 정신이 번쩍 들었습니다. 집 위치를 대충 설명 듣고는 부리나케 차를 몰았습니다. 도착하니 과연 임종의 시간이 가까워 있었습니다. 병자성사를 마치고 나서야 비로소 마음이 놓였습니다. 그러나 방안의 시계가 밤 11시임을 보았을 때, 제가 무슨 짓을 했는지 알게 되었습니다. 잔뜩 취해서 잠자리에 든 지 겨우 두 시간이 지났을 뿐이었습니다. 음주운전으로 현행법을 어겼고, 음주성사로 불경죄까지 지었습니다.

하지만 정신이 너무도 또렷했습니다. 급히 거울을 보았는데 얼굴색이 멀쩡했습니다. 술 냄새도 전혀 나지 않았습니다. 도무지 믿기지가 않아서 아들에게 물었더니, 그도 제게서 아무 냄새가 안 난다고 했습니다. 그제서야 이분의 임종을 하느님께서 준비하셨음을 직감했습니다. 평소의 제 주량을 명확하게 알기에 더욱 확신할 수 있었습니다. 그날 저는 차를 몰고 돌아왔습니다.

그로부터 몇 시간 후 하느님께서는 그분을 데려가셨습니다. 그분의 장례미사에서 병자성사 때의 상황을 상세히 전했습니다. 저는 그날 고인을 처음 만났고 그분의 삶을 전혀 알지 못하지만 하느님께서 데려가셨음이 틀림없다고 말했습니다. 슬픔 중의 가족에게도 남은 생을 선하게 살아 하늘로 오르신 아버님과 다시 만나야 한다고 위로했습니다. 그 일이 있은 지 23년이나 지났지만 고인의 세례명이 안토니오라는 것을 아직도 기억합니다.

연인처럼

긴병에 효자 없다는 말이 있습니다. 그러나 병원 사목을 하다 보니 이 말이 부모와 자식 사이만이 아니라 부부간에도 해당됨을 보게 되어 안타까웠습니다. 그런가 하면 노년의 긴병이 부부 사이를 더욱 애절하게 만들어 주는 모습도 보았습니다.

바오로와 세실리아 두 분은 병원에서 소문난 잉꼬 부부셨습니다. 할아버지는 노환으로 기력이 쇠하여 휠체어를 타야 움직일 수 있으셨습니다. 할머니는 그런 할아버지를 그야말로 지극정성으로 보살피셨습니다. 사랑은 감출 수가 없는 것이라고 했던가요? 두 분 사이가 꼭 그러하였습니다.

언젠가 하루는 할아버지가 미사에 참례하러 병실에서 내려오시지 못했습니다. 미사를 마친 후 성체를 모시고 병실을 방문했습니다. 할아버지는 가까스로 일어나 앉아 성체를 정성껏 영하셨습니다. 병실을 나오다가 장난기가 생겨 여쭈었습니다.

"할아버지! 할머니를 어떻게 생각하세요?"

"내가 세상에서 제일 사랑하는 사람이에요. 아내가 없었더라면 나는 진즉 죽었을 거예요."

여든이 넘은 나이에 부인에 대한 애정을 말씀하시는 할아버지가 참 멋지다고 생각했습니다. 마침 할머니가 들어오시기에 저는 할아버지의 고백을 고자질했습니다.

"할아버지가 세상에서 제일 사랑하는 사람이 할머니래요."

순간 할머니의 눈에서 눈물이 주루룩 흘러내렸습니다. 당황했지만 할머니 또한 할아버지를 못지 않게 사랑하심을 분명히 알 수 있었습니다. 할아버지의 건강 상태로 보아 두 분의 결혼 생활이 얼마 남지 않은 듯하여 더욱 애틋했습니다. 두 분이 백년해로하실 수 있도록 하느님께서 건강을 허락해 주시면 참 좋겠습니다.

벌말성당에서의 일입니다. 교우들과 성당을 출발해서 절두산성지를 거쳐 새남터성지까지 걷기로 했습니다. 푹푹 찌는 한여름의 더위를 뚫고 신앙의 선조들의 발길을 따라 걷는 40km 도보순례였습니다. 이른 아침, 신앙의 용사들이 성당에 모여들었습니다.

'설마, 저 부부도 걸으러 온 것은 아니겠지?' 시각장애를 겪고 있는 부부였습니다. 요한나 씨는 전혀 앞을 볼 수 없었고, 남편 요한 씨는 그나마 나은 편이어서 겨우 2m 정도만을 구분할 수 있을 뿐이었습니다. 그러나 제 생각, 아니 바람과는 달리 그 부부는 도보순례에 참가하려고 두 아들까지 데리고 온 것이었습니다. 제 걱정을 짐작이나 한 듯 요한나 씨는 조금이라도 뒤처지면 돌아갈 테니 걱정 말라며 남편의 손을 잡고 용감히 걷기 시작했습니다. 저는 걱정스러운 마음에 부부의 뒤에서 걸었습니다. 부부는 처음부터 잡은 손을 놓지 않고, 서로를 의지하며 걸었습니다. 다른 사람들보다 몇 배는 더 힘들 텐데…. 맞잡은 두 손이 그렇게 아름다울 수가 없었습니다. '저러다 그만두겠지'라는 제 생각과는 달리 일찌감치 포기한 것은 오히려 두 아들이었습니다.

점심을 먹고 난 이후에는 부부의 걷는 속도가 느려졌습니다. 하는 수 없이 다른 교우들로부터 약간 뒤처졌습니다. 부부에 대한 걱정과 염려는 꼭 완주하기를 바라는 열망으로 바뀌어 갔습니다.

오후 3시, 절두산성지에 도착했습니다. 부부와 함께 성지로 들어서니 먼저 도착한 우리 교우들이 줄 서서 기다리고 있었습니다. 부부의 완주에 너도나도 박수를 쳤습니다. 모두가 걷는 내내 이 부부를 걱정하고 응원하고 있었던 것입니다. 참으로 아름다운 감동이었습니다.

절두산성지에서 그 부부를 포함한 대부분의 교우들은 안양으로 돌아갔고 저는 아직 기운이 남은 교우들과 10km를 더 걸어 새남터성지에 도착했습니다. 성당에 올라 기도를 바치고 내려오니 자유게시판이 있었습니다. 우쭐한 마음에 '안양에서부터 걸어

왔노라.' 자랑스레 써 놓으려 했습니다. 그런데 누군가의 메모가 눈에 띄었습니다. '저희 부부, 땅끝 해남에서 성지들을 걷고 걸어 여기 새남터까지 왔나이다. 진심으로 감사드리나이다.' 우쭐한 마음이 쏙 들어갔습니다.

저는 결혼하지 않은 것을 하느님께 감사드려 왔습니다. 위기를 겪는 부부들을 많이 만나 왔기 때문입니다. 그러나 감동스런 부부들을 만나면 독신으로 사는 저로서는 절대로 알 수 없는, 부부사랑의 깊은 무엇인가가 있음을 알 수 있었습니다.

은총이 없는 독신의 삶은 힘만 들고 의미도 없습니다. 부부의 삶도 마찬가지여서 사랑으로 엮어진 사이를 넘어 은총으로 묶어져야만 참부부가 된다고 여깁니다. 같이 살아온 시간이 고맙다고, 만일 다시 태어날 수만 있다면 그때에도 함께 살자고 마지막 말을 건네는 부부가 많았으면 좋겠습니다.

고마운 길동무

　보길, 노화, 소안, 청산은 완도 앞바다에 있는 형제섬입니다. 예전부터 가 보고 싶었습니다. 벼르고 벼르다가 드디어 이 섬들을 걸으러 내려갔습니다. 세 섬을 걷고 청산도로 갔습니다. 청산도! 영화 서편제의 촬영지로 유명할뿐더러 이름도 멋있어서 청산靑山이었습니다. 기대가 컸습니다.

　청산도에 내린 것은 오후였습니다. 섬의 둘레가 40km인데 오늘 안에는 무슨 일이 있어도 숙소가 있는 섬의 반대쪽까지 가야 했습니다. 하지만 조급한 마음과는 달리 여러 번 길을 잘못 들어 시간을 많이 허비했습니다. 권덕리라는 청산도의 남쪽 마을에 들어섰을 때에는 몸도 맘도 많이 지쳐 있었습니다. 더군다나 마을 뒷산을 넘어가야 하는데 해를 묶어 둘 방도는 없었습니다.

　뭔가 축축한 것이 종아리에 닿았습니다. 뒤돌아보니 개였습니다. 삼 년 전엔가 진돗개에 물린 적이 있었습니다. 응급실로 가면서 참 속상했습니다. 상처야 낫겠지만 개에 대한 경계심이 생길 것 같아서였습니다. 지금도 배에 남은 흉터가 있지만 보이지 않는 흉터는 더 깊습니다. 아니나 다를까, 작은 발발이가 콧등을 종아리에 댔을 뿐인데도 화들짝 놀랐습니다. 그런데 녀석은 제 심정을 아는지 모르는지, 계속해서 저를 졸졸 따라왔습니다.

"너, 또 사람 따라 가려는구나?"

밭에서 일하던 동네 아저씨가 말했습니다.

"얘가 사람을 따라 간다구요?"

"그럼요, 걔는 길 안내를 하는걸요."

그러고 보니 동네 어귀에서부터 따라온 녀석은 제가 지쳐 섰을 때, 힘을 내라고 콧등으로 종아리를 밀었던 것입니다. 영특한 녀석이었습니다. 신기함에 피곤함마저 다 가셨습니다.

동네를 벗어나 산길로 들어섰습니다. 녀석은 지도와는 다른 길로 앞장을 섰습니다. 저는 녀석을 믿고 따라갔습니다. 똥개도 자기 동네에서는 반은 먹고 간다지 않습니까? 하지만 가파른 산길이어서 자주 쉴 수밖에 없었습니다. 그러면 녀석은 여지없이 후다닥 제 뒤로 와서 종아리에 코를 들이댔습니다. 참 녀석도….

한참을 걸어 산의 정상에 올랐을 때에는 날이 이미 어둑어둑해지고 있었습니다. 아쉽지만 녀석과도 이별해야 할 시간이었습니다. 이제 저는 가던 길을, 녀석은 오던 길로 가야 했습니다. 생김새와는 달리 참 영특한 친구였습니다. 정말 그 고마움이란….

그런데 아무리 돌아가라고 손짓해도 녀석은 여전히 자기 집과는 반대인 제가 가야 할 길을 앞장서 갔습니다. 오 리를 가자는 사람에게 십 리를 가 주라는 성경말씀을 알고 있는 듯했습니다.

땅거미가 내려앉았습니다. 달이 뜨지 않는 것으로 보아 깜깜한 밤이 될 모양입니다. 그래도 길동무가 있어 외롭지 않았습니다. 하늘에 빛이 생겨나기 시작했습니다. 어두워질수록 빛은 늘어났고 순식간에 온 밤하늘이 별들로 가득 찼습니다. 주위로도 빛이 생겨났습니다. 반딧불이었습니다. 처음에는 셀 수 있었는데 곧 셀 수 없을 만큼 늘어났습니다. 풀잎 위로, 나뭇가지 사이로 빛들이 날아다녔습니다. 위를 봐도, 옆을 봐도 온통 빛투성이었습니다. 그 황홀함을 만끽하며 한참을 걸었습니다. 하늘길이었습니다.

음메~ 저 아래에서 소가 울었습니다. 아랫마을이 가까워진 모양이었습니다. 그런데 소 울음과 함께 녀석은 멈춰 섰습니다. 여기까지가 녀석의 역할인 듯했습니다. 결국 그 소 울음은 환상의 세계에서 현실의 세계로 바뀌는 신호였습니다.

저 멀리 가로등이 보였습니다. 더 이상 반딧불이도 없었습니다. 저는 감동으로 뭉클해진 마음으로 홀로 길을 내려갔습니다. 고마운 길동무였던 그 녀석, 여전히 신나서 누군가의 앞장을 서고 있겠지요?

이 아름다운 추억은 청산도에서만이 아니었습니다. 통영 앞 욕지도를 걸을 때에도 함께 걸어 준 길동무가 있었고, 쪽박금길이라고 그 이름도 아름다운 거제도의 길을 걸을 때에도 길동무가 세 마리나 있었습니다. 이 고마운 친구들이 왜 욕의 주인공인지 저로서는 도대체 알 길이 없습니다. 개들은 도무지 배신을 모르는 진짜 친구이며, 개의 새끼인 강아지는 얼마나 사랑스러운지 모릅니다. 이 친구들과 함께 걸었던 순간은 제 인생의 명장면입니다. 그 행복을 깊이 간직하며 또다시 그런 행운이 올 수 있기를 바랍니다.

다시 찾은 청산에서, 곰돌이와

확률 없는 만남

스마트폰! 요 녀석, 말 그대로 참 똑똑합니다. 어디에 성당이 있는지, 미사가 몇 시에 있는지 소상히 알려 주니 말입니다. 여수를 여행할 때에도 요긴히 사용했습니다. 핸드폰으로 성당과 미사시간을 검색하여 가장 가까운 서교동성당을 찾아갔습니다. 오랜만에 신자석에 앉았습니다. 주례사제는 보좌신부였습니다. 새 신부라는데 나이가 들어보였습니다. 하지만 정성을 다하나 서투른 것을 보니 영락없이 새 신부는 새 신부였습니다.

귀가 번쩍한 것은 강론 때였습니다. 그 신부는 자기가 아프리카에 있었다고 했습니다. '가만 있자, 광주대교구에서도 아프리카에 진출했었나?' 주보를 꺼내 신부의 이름을 확인해 보았습니다. 그리 낯설지는 않았지만 그렇다고 확실히 기억나는 것도 아니었습니다. 참다 참다 '똑똑한 폰'으로 그 신부를 검색했습니다.

앗! 우리는 2년 전, 아프리카에서 만난 적이 있었습니다. 제가 케냐에 갔을 때 지인의 소개로 만나서 함께 밥도 먹었습니다. 당시에 그는 예수회 소속의 부제였고 케냐에서 대학원을 다니고 있었습니다. 그런데 저는 지금 한국, 그것도 처음 간 여수에서 사제가 된 그가 집전하는 미사에 참례하고 있었습니다. 이 확률 없는 만남이 신기할 따름이었습니다. 미사를 마치고 교우들이 돌아가기를 기다렸다가 인사를 했습니다.

"안녕하세요? 우리는 아프리카에서 만난 적이 있습니다."

그는 깜짝 놀라며 호들갑스럽게 대답했습니다.

"아이고, 오 박사님~."

그러나 제 이름은 이재웅이고 박사하고는 거리가 멉니다. 오 박사가 아니라고 하자 그는 당황했지만 그의 착각은 당연했습니다. 여기는 여수이고, 아프리카에서는 딱 하루 만났으며, 더구나 저는 등산복 차림이었습니다. 설명을 하자 그도 놀라워하며 말했습니다.

"우리가 여기서 어떻게 다시 만나게 된 것이죠?"

사제관으로 옮겨 그의 사연을 들었습니다. 원래부터 아프리카를 돕는 것이 꿈이라 공부를 케냐에서 했고, 곧 아프리카로 돌아가서 가장 버림받은 사람들을 위해 살 것이라고 말했습니다. 그가 지니고 있는 사제로서의 포부가 신선했습니다.

그와 이야기를 나누다가 다행스런 기억 하나가 떠올랐습니다. 아프리카에서, 학생인 그에게 뭔가 도움을 주고 싶었습니다. 하지만 지갑 속의 백 달러 한 장을 만지작거리며 망설였습니다. 지금도 그 기억이 생생한 것을 보면 돈이 꽤나 없었던 것 같습니다. 그러나 분명한 것은 그에게 백 달러를 건넸다는 사실입니다. 이렇게 다시 만나니 스스로에게 당당할 수 있었습니다. 정말 두고두고 잘했다고 생각했습니다. 역시 선행은 최선의 선택입니다.

그가 다시 아프리카로 출국하던 날, 인천공항에 배웅을 나갔습니다. 이번에는 망설임 없이 백 달러보다 훨씬 많은 돈을 건넸습니다. 그리고 그를 위해 하느님께 기도했습니다. 아브라함에게 그러셨듯이 그에게도 하늘의 별처럼, 바다의 모래처럼 은총을 주셔야만 한다고 청했습니다. 그도 저를 위해 기도했습니다. 사제인 우리는 서로를 위해 손을 들어 축복을 했고, 무릎 꿇어 축복을 받았습니다.

그는 카쿠마 난민캠프를 지키고 있는 심유환 신부입니다.

마딸랑아우

필리핀으로 이민을 간 수산나 씨로부터 오랜만에 전화가 왔습니다. "신부님, 큰일 났어요. 지난 태풍에 사제관이 홀랑 날아갔어요. 이를 어쩌죠?" 애가 탔는지 말이 빨랐습니다.

자기가 살고 있는 동네에서 두 시간 떨어진 현지 산골 마을에서 원주민들과 함께 살고 있는 한국 신부님이 있다고 했습니다. 그런데 지난 태풍에 사제관이 몽땅 날아갔답니다. 뉴스를 통해 그 태풍의 위력을 알고 있었지만 집이 날아갈 정도로 강력한 줄은 몰랐습니다. 다행히 신부님은 무사하다고 했습니다. 수산나 씨는 다급한 마음에 한국에 있는 저에게 전화를 한 모양이지만 저라고 뾰족한 수가 있는 것은 아니었습니다. 그렇다고 사연을 들은 이상 모른 체할 수도 없어서 상황을 자세히 알아봐 달라고 했습니다.

얼마 후 '집 잃은 신부'로부터 이메일이 도착했습니다. 윤종두 요한, 예수성심의 로가찌오니스티 수도회의 신부였습니다.

윤 신부는 필리핀의 원주민 마을, 마딸랑아우Matalangaw에서 사목실습을 했습니다. 그 인연으로 사제서품을 받고 첫미사를 드리러 그 마을을 다시 찾았습니다. 성당이 없으니 아마도 망고나무 아래에서 첫미사를 드렸겠지요.

그날 저녁, 윤 신부는 어느 가족으로부터 저녁식사에 초대를 받았습니다. 그런데 저녁식사가 달랑 계란프라이 하나였습니다. 그 집 식구가 일곱 명이어서 계란프라이를 여덟 조각으로 나누었습니다. 그 한 조각을 먹으며 그는 이곳에서 이 가난한 사람들과 함께 살 것을 마음먹었습니다. 닭을 잡고 돼지를 잡았다면 절대 그런 마음을 품지 않았을 것입니다. 하필이면 계란프라이였기에 마음을 통째로 뺏긴 셈입니다. 그러고 보면 낚시에 관한 한 하느님을 따라갈 자가 없습니다. 겨우 계란프라이 1/8 조각으로 사람을 낚으셨으니 말입니다. 윤 신부는 그렇게 원주민 마을에 눌러앉았습니다.

사진으로 그가 살았다는 집을 보았습니다. 움막이었습니다. 원주민들과 똑같이 먹고 자고 살았음을 짐작할 수 있었습니다. 원주민들과 함께 고구마를 길러 팔고, 꿀을 따서 내다 팔았습니다. 그 돈으로 아이들을 학교에 보냈고 몇몇 학생들은 대학에 다닙니다. 그러나 정작 본인은 열악한 환경으로 영양실조와 원인 모를 병에 걸려 몇 번을 죽다 살아났습니다. 그래도 젊음을 무기로 안간힘을 쓰며 살고 있었는데, 태풍으로 집을 통째로 잃은 것이었습니다.

편지를 읽으면서 가슴이 먹먹해졌습니다. 가난한 사람들과 함께 뭔가 해 보겠다고 몸부림치는데 집이 홀랑 날아갔으니 얼마나 낙심했을까요? 더군다나 하느님께서는 축복을 주시는 분으로 가르쳐 왔고, 스스로도 그렇게 믿고 있는 아버지이신데 말입니다. 같은 신부라 해도 한 번도 본 적 없는 저에게 도움을 청해야 하는 윤 신부의 심정도 이해할 수 있었습니다. 한국에서 몸 편히 맘 편히 살고 있는 저로서는 오히려 윤 신부가 고맙고 미안했습니다.

윤 신부에게 무엇이 가장 시급한지를 물었습니다. 동네사람들이 한자리에 모여 기도와 회의를 하고, 학생들이 공부도 할 수 있는 마을회관이 필요하다고 했습니다. 자기가 머물 곳은 그 옆에 쪽방으로 붙이면 된답니다. 지원을 약속했습니다. 때마침 동생이 땅이 팔렸다며 십일조를 봉헌할 곳을 두리번거리고 있던 차였습니다. 어렸을 때, "두껍아, 두껍아! 헌 집 줄게. 새 집 다오!"라는 노래 부르며 흙장난을 자주 했습니다. 윤 신부를 후원하기로 하면서 그 노래가 생각났습니다. 만일 그 움막 같은 집이 날아가지 않았다면 새 건물은 없었을 것입니다. 이번 일을 겪으면서 어떠한 곤경에 처해도 하느님께 실망과 원망만은 하면 안 된다고 생각했습니다. 축복의 시작일지도 모르니까 말입니다.

기왕 일을 시작한 김에 윤 신부의 사목지로 의료봉사를 가기로 결정했습니다. 현지에서는 틀림없이 큰 도움이 될 것이기 때문이었습니다. 그동안 분당성요한성당에 갈 때마다 의료인 모임인 루카회를 눈여겨봐 왔습니다. 언젠가는 함께할 일이 있을 것이라 여겼기 때문이었습니다. 지금이 바로 그때였습니다. 루카회원들과 약속을 잡았습니다. 처음 만나는 자리라서 해외 의료봉사의 제안이 부담스러웠습니다. 그러나 쇠뿔도 단김에 빼라고 하지 않던가요? 다짜고짜 해외로 의료봉사를 가자고 제안했습니다. 오히려 루카회가 저의 제안을 반겼습니다. 성당 내, 지역 내의 봉사뿐만 아니라 해외에서 봉사할 꿈을 키워 왔다고 했습니다. 일사천리로 의료봉사단이 구성되었습니다. 제약회사의 후원도 엄청나서 제 사무실은 기증받은 약들로 아수라장이 되었습니다.

출발 당일이 되자 마음이 비장해졌습니다. 봉사자들과 함께 트럭에 짐을 싣고 공항으로 향했습니다. 수하물을 부치고 나서야 마음이 조금 놓였습니다. 약과 진료도구만 해도 42박스였습니다. 당일 진료를 마친 의사들도 하나 둘씩 공항에 도착했습니다. 부리나케 출국수속을 마치고 20시 50분에 출발했습니다.

이튿날 0시 30분, 필리핀 클락Clark 공항에 도착했는데 가장 걱정스런 관문이 기다리고 있었으니, 세관통과였습니다. 그동안 윤 신부에게 그 준비를 신신당부해 왔습니다. 그도 빈틈없이 준비했다고는 했지만 필리핀이라는 상황 때문에 마음이 놓이지 않았습니다. 분량도 분량이지만 내용물이 값비싼 약품과 장비였습니다.

하지만 걱정과는 달리 너무도 쉽게 통과돼서 허무하기까지 했습니다. 윤 신부가 얼마나 수고했을까 짐작할 수 있었습니다.

　공항에서 진료할 마을로 출발했습니다. 두 시간 후 도착하여 짐을 정리하니 어느덧 새벽이었습니다. 잠 한 숨 제대로 못 자고 진료를 시작해야 했는데 첫날부터 엄청난 인파가 몰려왔습니다. 20여 명의 봉사자로는 일손이 턱없이 부족했습니다. 소식을 듣고 현지 의사 네 명이 동참했지만 밀려드는 환자들로 인해 아침 일찍부터 시작한 진료는 어두워져서야 마칠 수 있었습니다.

　의사는 병을 치료하지만 참의사는 사람을 치료한다고 했던가요? 전쟁 같은 기간에 한 명이라도 더 치료하려는 의사들의 과한 욕심을 보았습니다. 우리 진료소에 1,500명이 다녀갔습니다.

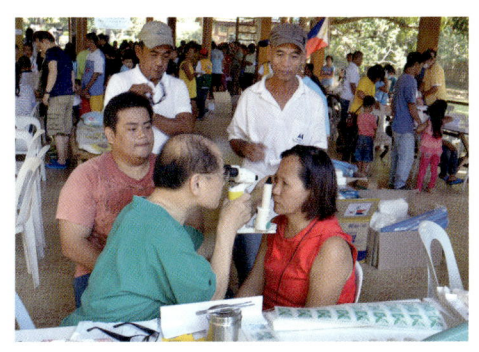
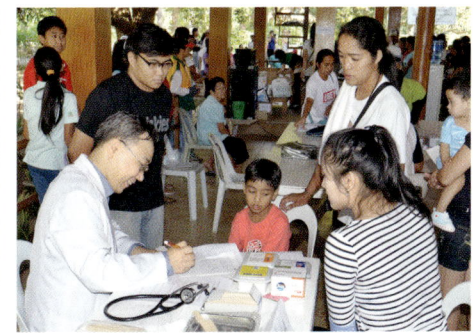
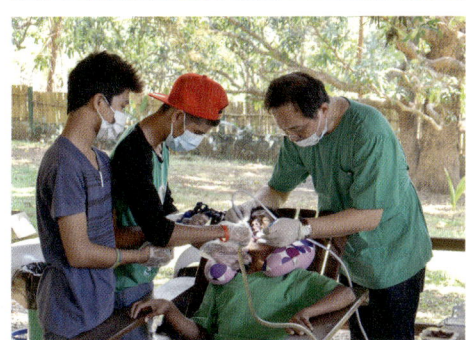

1차 의료팀이 한국으로 돌아가고, 2차 의료팀이 도착할 때까지 잠깐의 휴식 기간이 있었습니다. 윤 신부는 그 지역에서 제일 유명한 곳이라며 전쟁기념관으로 안내했는데 그곳에는 세계에서 제일 큰 십자가가 있었습니다. 기념관 입구에서 입장료를 내고 있는 우리에게 어떤 이가 달려왔습니다. 놀랍게도 그는 마을회관을 설계 중인 건축사였습니다. 자동차로 다섯 시간 떨어진 마닐라에서 대학생들을 데리고 견학을 온 터였습니다. 윤 신부가 건축사에게 한국에서 온 후원자라며 저를 소개하니 몹시 놀라워했습니다. 어떻게 이런 일이 있을 수 있을까? 하느님이 아니시라면 도저히 불가능한 일이었습니다. 이 만남으로 인해 마딸랑아우에서의 일들이 하느님의 섭리라는 깊은 신뢰가 생겼습니다.

2차 팀은 여러 사람이 신청했으나 최종적으로 입국한 의사는 윤 프란치스카 한 명뿐이었습니다. 다들 어쩔 수 없는 사정이 생겼습니다. 다행히도 현지 의사 두 사람이 힘을 보탰습니다. 의료진의 규모가 작아져서 산골 마을에 진료소를 차렸습니다. 마을 사람들은 모두가 원주민인 아에타 족이었고, 그들의 생활수준은 1차 진료 때 온 사람들보다 훨씬 열악했습니다. 남루한 옷을 입고 맨발로 다니는 아이들이 허다했습니다. 그러나 진료순서를 기다리려고 모인 사람들 사이에서는 웃음이 그치지 않았습니다.

윤 신부는 이렇게 의료봉사 팀이 오지 않는 한, 이 원주민들은 다시 의사를 만날 가능성이 거의 없다고 했습니다. 그러니 이들에게는 지금이 놓칠 수 없는 기회였습니다. 윤 선생도 이런 절박함을 알고 최선을 다했습니다. 더군다나 한국의사가 자기 혼자라는 책임감도 있었습니다. 윤 선생은 출발 전날 응급실에 실려갔습니다. 외국, 그것도 오지에 올 수 있는 상태가 아니었습니다. 그런데 진료기간에 오히려 눈에 보이게 건강해졌습니다. 쉴 새 없이 환자를 보았는데도 말입니다. 다행인 것인지 당연한 것인지 도통 모를 일이었습니다.

2차 팀의 마지막 일정도 모두 끝나갔습니다. 북적대던 진료소를 정리하면서 마음이 허전했습니다. 저뿐만 아니라 모두들 헤어지는 것이 섭섭한 눈치였습니다. 그 며칠 새 정이 깊이 든 모양이었습니다. 해는 저물고 우리는 공항으로 떠났습니다. 이 길이 끝나면 윤 신부와도 작별을 해야 했습니다. 열흘 간 제대로 잠도 못 자고 최선을 다한 그가 믿음직스러웠습니다.

공항 가는 길에 앞에 가던 지프니가 눈에 띄었습니다. 저도 여러 번 타 본 필리핀의 대중 교통수단이었습니다. 호기심에 윤 신부에게 지프니가 얼마쯤 하냐고 물었습니다. 그런데 그는 "저게 제 꿈입니다." 하고 대답했습니다. 가격을 물었는데 꿈이라고 했으니 아마도 지프니가 꼭 필요한 처지였나 봅니다.

왜 지프니가 꿈이냐고 물었더니 원주민 아이들 때문이랍니다. 걸어서 두 시간이 걸리는 학교에 가려면 새벽 4시부터 일어나야 합니다. 산을 오르락내리락해야 하는 길이라서 이런저런 핑계로 학교를 안 가는 아이들이 많은데, 지프니만 있으면 그 핑계가 사라집니다. 차만 있으면 마을에서 수확하는 고구마와 꿀을 시장에 내다 팔 수 있으니 자립 차원에서도 필요하다고요.

다시 지프니 가격을 물었습니다. 새 차를 산다면 3천만 원까지도 든답니다. 꿈이라고 한 이유가 납득이 갔습니다. 미래의 희망이어서 꿈이었고 현실적으로 불가능해서도 꿈이었습니다. 머릿속이 복잡해졌습니다. 돈이 없기는 저도 마찬가지였으니까요.

그러나 지프니를 마련하는 것이 한국에서는 그럴 수도 있는 일이지만 현지에서는 도무지 그럴 수는 없는 일입니다. 교육관을 짓고 의료봉사를 하는 것도 마찬가지입니다. 우리 입장에서는 있을 수도 있는 일이지만 현지에서는 있을 수 없는 일입니다. 기적이란 별것이 아닙니다. 누군가의 희생이 누군가에게는 기적이니까 말입니다. "제가 마련해 보겠습니다."

지프니 숙제를 안고 한국으로 출발했습니다. 아무런 대책은 없었습니다. 믿는 것은 오직 하느님 아버지밖에 없었습니다. 안 도와주시면 우리 아부지 아니시라고 마음으로 계속 되뇌었습니다.

마딸랑아우 그 후

한국에 온 날부터 사흘 내내 마딸랑아우의 꿈을 꾸었습니다. 그 착한 마을 사람들이 낮에도 밤에도 눈에 선했습니다.

서둘러 지프니 통장을 개설했습니다. 기다렸다는 듯이 통장 잔고가 불어났습니다. 필요한 3천만 원이 채워지는 데 겨우 열흘밖에 안 걸렸습니다. 노력해서 된 일이 아니었습니다. 지프니를 사 달라고 부탁한 적이 단 한 번도 없었으니까 말입니다. 윤 신부에게 이 기쁜 소식을 전하며 말했습니다.

"이러니 하느님을 어떻게 안 좋아할 수 있겠습니까?"

이번 일을 통해 "우리는 하느님의 작품입니다. 우리는 선행을 하도록 그리스도 예수님 안에서 창조되었습니다. 하느님께서는 우리가 선행을 하며 살아가도록 그 선행을 미리 준비하셨습니다."라는 에페소서 2장 10절의 말씀을 깊이 깨우치게 되었습니다. 그동안 영성체를 모시기 전에 하느님께 한 말씀만 해 주시라고 숱하게 청해 왔습니다. 그러나 우리의 한 마디 말을 기다리는 것은 하느님도 마찬가지시라고 여기게 되었습니다. 부끄럽지만 제가 윤 신부에게 '마련해 보겠습니다'라고 말하지 않았더라면 아무런 일도 일어나지 않았을 것입니다. 사실 그 말을 할 당시 저는 빈털터리

새 지프니로 첫 등교날, 전원 출석!

에 가까웠습니다. 그러나 그 대책 없는 말 한 마디가 준비된 축복을 여는 열쇠였습니다. 저는 그렇게 믿습니다.

윤 신부는 부활절을 지내고 건강상의 문제로 한국으로 잠시 귀국했습니다. 공항에서 함께 차를 타고 오는데 그가 어렵게 말문을 열었습니다. 자재값이 올라서 마을회관 공사비가 생각보다 많이 예상된다고 했습니다. 얼마냐고 물으니 5,000만 원이 필요하다고 했습니다. 최초에 예상한 금액 3,500만 원을 마련했는데 1,500만 원이 더 필요한 상황이었습니다. 윤 신부는 걱정을 했지만 저는 웃음이 나왔습니다. 분당성요한성당의 방효익 신부님께서 이번 부활절에 마딸랑아우를 위한 특별 모금을 해 주셨습니다. 모인 돈이 하필이면 1,500만 원이었습니다. 며칠 전, 방 신부님을 뵈었을 때 모금액이 생각보다 적다며 오히려 미안해하셨는데 꼭 필요한 만큼이었습니다.

이러한 금액적 일치는 이번만이 아니었습니다. 의료봉사를 위해 출국할 때 짐이 트럭 한 대 분량이었습니다. 무게도 만만치 않았습니다. 적지 않은 추가비용이 예상되었습니다. 고맙게도 아시아나 항공측에서 110kg을 추가로 허용해 주었습니다. 돈으로 환산하면 100만 원 정도를 기부해 준 셈이니 참으로 감사했습니다. 그래도 2,954,000원을 더 내야 했습니다. 방 신부님께서는 출국 전날에도 지원금을 주셨는데 그 액수가 300만 원이었습니다. 우연치고는 지나치게 치밀한 액수였습니다. 하느님의 섬세한 섭리를 느낄 수 있었습니다. 과연 일랑 선생의 말씀대로 뜻이 없어서 못 하는 것이지 돈이 없어서 못 하는 것이 아니었습니다.

   방 신부님께 진심으로 감사를 드립니다. 이 자리를 빌려 수산나 씨 가족에게도 고마움을 전합니다. 그 가족은 저에게 윤 신부를 소개한 대가로 진료기간 내내 꼭 필요한 통역과 약제과 일을 맡았습니다. 그들의 활약은 모든 의사들이 인정할 정도였습니다.

   특히 학교도 가지 않고 열정적으로 참여한 아영, 시영, 명훈이가 대견스러웠습니다. 학교를 가지 않으려고 봉사한 것은 아닌지 살짝 궁금하기도 했으나 묻지는 않았습니다.

이번 마딸랑아우에서의 의료봉사는 저에게도 중요한 계기가 되었습니다. 그동안 내심 해외선교의 꿈을 품어 왔습니다. 그러나 혹시 부르심이 아니면 어떡하나 조심스러웠습니다. 그래서 문을 열고 들어가지 말고 문이 열리면 들어가자고 생각해 왔습니다. 그러나 필리핀을 다녀와서는 더 이상 미루면 안 되겠다고 생각이 바뀌었습니다. 주저 없이 교구장 주교님을 찾아뵈었습니다.

마티아 주교님께서는 선교를 지원하는 저의 결심을 축하해 주셨습니다. 성인들에 의하면, 하느님의 부르심과 마주치거든 의지적으로 노력하지 말고 단지 주님께서 이끄시는 대로 따라가야 한다고 하시며 격려해 주셨습니다. 깊이 새길 말씀이었습니다.

아직까지는 선교지가 어디인지, 언제 떠날지 모릅니다. 다만 주교님을 통해서 선교의지를 하느님께 말씀드렸을 뿐이니 때가 차면 섭리대로 되리라 믿습니다. 그러나 때만 무르익어서는 안 되니 저도 무르익도록 준비할 것을 다짐합니다.

꾸야 레이*

필리핀의 윤 신부에게서 연락이 왔습니다. 성당 일을 하던 목수 레이 아저씨가 머리를 부딪쳤는데 뇌출혈이 생겨 급히 수술을 준비하고 있다고 했습니다.

윤 신부가 살고 있는 바타안 주州에는 뇌수술을 할 수 있는 신경외과 의사가 두 명밖에 없습니다. 더군다나 뇌수술 장비가 있는 병원은 한 군데뿐입니다. 그리고 수술을 한다 해도 그 비용이 4천만 원이나 듭니다.

수술비를 들은 레이 아저씨는 그냥 집으로 가겠다고 했습니다. 하루 벌어 하루 먹고 사는 처지에 그리고 식구까지 딸려 있는 가장의 처지에 그 돈은 도무지 감당할 수 없는 액수니까요.

4천만 원, 한국에서도 작은 돈은 아니죠. 그러나 생명을 살리기에는 결코 큰 돈이 아닙니다. 저는 윤 신부에게 걱정 대신 오직 하느님만 믿자고 했습니다.

---

* 꾸야 레이는 '레이 아저씨'라는 필리핀 말입니다.

윤 신부는 레이 아저씨의 말을 무시한 채 부랴부랴 병원부터 잡았습니다. 그리고 수술할 의사는 다른 주에서 섭외하고 부족한 장비는 다른 병원에서 빌려 온 다음 수술을 감행했습니다. 얼마나 억지를 부리며 일을 벌였을지 상상이 갔습니다. 돈 한 푼 없이 밀어붙인, 윤 신부니까 가능한 일입니다. 그의 말로는 수술이 끝나는 시간까지 하느님께 의지할 수밖에 없는 일들이 이어졌다고 했습니다. 감사하게도 수술은 성공리에 끝났습니다. 레이 아저씨는 죽음에서 돌아왔습니다. 그리고 수술비도 마련되었습니다.

이듬해 설 연휴 동안 윤 신부가 살고 있는 필리핀의 산골 원주민 마을로 의료봉사를 떠났습니다. 한국 의사들과 현지 의사들, 다국적 봉사자들이 힘과 정성을 모았습니다. 병원은 엄두도 못 내던 가난한 사람들에게도 그리고 선행하기를 기다려 온 사람들에게도 꿈같은 일이었습니다.

사람들로 북적이는 봉사현장에서 유독 밝은 인상의 아저씨가 눈에 띄었습니다. 저는 여러 번 들락날락거려서 그 마을 사람들을 다 아는데 처음 보는 얼굴이었습니다. 당연히 현지 의사와 동행한 봉사자인 줄로만 알았습니다. 그날 일정을 마치고 저녁을 먹는데 옆 테이블에 그 아저씨가 딸과 다정히 앉아 있었습니다. 활짝 피는 것이 어디 꽃뿐이겠습니까? 그 부녀의 행복한 모습이 참 부러웠습니다.

"윤 신부님, 저 인상 좋은 아저씨가 누구시죠?"

"저 양반이 레이 아저씨예요. 아~ 신부님은 처음 보셨겠네요."

웃음이 났습니다. 사정과 상황은 너무나 잘 알지만 실제로는 한 번도 만난 적이 없거든요. 슬쩍 그의 옆으로 가서 앉았습니다. 그제야 머리에 난 수술 자국이 보였습니다.

윤 신부가 저를 소개하자 레이 아저씨는 며칠 후 1월 8일이면 새 생명을 얻은 지 꼭 1년째 되는 날이라며, 고맙다고 했습니다. 기분이 몹시 좋아졌습니다.

이번에도 어김없이 의료봉사의 모든 일정이 무사히 끝났습니다. 수고를 해 준 수산나 씨 집에서 감사미사를 드리기로 했습니다. 주님께서 계획하고 개입하지 않으시면 의미도 보람도 없으니까요.

맨 왼쪽이 레이 아저씨

미사를 앞두고 의료봉사에 참여한 이들이 행복으로 들떠 감동을 나누었습니다. 다들 한입으로 말했습니다.

"이거 이거, 마약 같은 일입니다."

미사를 시작하려고 제의를 입는데 윤 신부의 휴대폰이 띵동 울렸습니다. 그런데 문자를 확인하는 신부님의 얼굴이 금세 굳어졌습니다. 방금 레이 아저씨가 돌아가셨다는 소식이었습니다.

감사미사는 사망미사로 바뀌었습니다. 윤 신부는 레이 아저씨와 함께할 계획이 많았다며 망연자실했습니다. 아무리 사람이 병이 아니라 명으로 죽는다지만 도무지 믿겨지지 않았습니다.

무거운 마음으로 한국으로 돌아왔습니다. 레이 아저씨는 새 생명을 얻고 딱 1년을 더 살고 떠났습니다. 덤으로 주어진 생명이니 무슨 여한이 있겠습니까? 하지만 그의 아내와 아직 학교에 다니는 두 딸의 미래를 생각하니 아저씨가 눈을 감지 못할 것만 같았습니다.

레이 아저씨의 장례 전날 저녁, 어떤 분이 저를 찾아오셨습니다. 그분은 본인 소개도 없이, 별 얘기도 없이 그저 좋은 곳에 써 달라며 봉투를 놓고 가셨습니다. 그 안에는 두 딸의 학비는 물론 가족의 몇 년 치 생활비를 해결할 수 있는 돈이 들어 있었습니다. 봉투를 든 채 얼마나 울었는지 모릅니다. '아저씨가 내일 편히 갈 수 있겠구나!' 그 일을 생각하면 지금도 눈물이 흐릅니다.

과연 생명은 온전히 하느님께 달려 있어 언제 그 명을 거두어 가실지 사람은 알지 못합니다. 성녀 데레사도 '인생은 낯선 여인숙에서의 하룻밤일 뿐'이라고 하셨습니다. 그러니 이 세상의 것에 마음을 덜 뺏기고 하느님의 뜻을 찾아 살려고 노력하렵니다.

내 친구 오웬

오웬 씨는 필리핀의 치과의사입니다. 부인도 치과의사이니 병원을 개업하면 남부럽지 않게 누리며 살 수 있습니다. 하지만 병원 원장이 아니라 교장 선생님입니다. 그리고 오웬 씨네 학교는 뭔가 다릅니다. 아니 확실히 다릅니다.

필리핀 원주민이라고 하면 생소하지요? 작고 검고 곱슬머리인 사람들이 일만 년 전부터 필리핀에서 살아왔습니다. 지금은 소수만이 산속에서 살고 있는데 이들을 '아에따AETA 부족'이라고 부릅니다. 하지만 이들은 생김새가 다른 데다 가난하고 순박해서 무시당하고 이용당합니다. 아에따 아이들도 학교에 가려고 하지 않습니다. 친구들에게 그리고 선생님에게마저 노골적으로 놀림당하기 일쑤니까요. 그런 이유로 대부분의 학교에서는 이 아이들을 받지 않습니다. 그러나 오웬 씨네 학교는 다릅니다. 다섯 명 중 한 명은 원주민 아에따 학생이니까요.

어떤 학부형들은 교장인 오웬 씨에게 전학 가는 학생들이 많아질 것이라며 원주민을 학생으로 받지 말라고 대놓고 말하기도 했습니다. 그러자 그는 얼마든지 전학을 가도 좋다며 원주민 아이들을 품었습니다. 그 결과, 지금 그의 학교에서는 차별 없이 모두가 친구입니다. 필리핀 최초의 원주민 선생님이 가르치기도 하고요.

그뿐만이 아닙니다. 학비를 내지 못하는 제자가 있으면 오웬 씨 부부가 병원 아르바이트를 해서라도 장학금을 마련해 왔습니다. 그리고 제가 필리핀에서 의료봉사를 열 때면 어김없이 먼 길을 달려오는 고마운 이가 바로 오웬 씨 부부였습니다.

사진 정재훈

한번은 그 신세를 갚고자 부부를 한국으로 초대한 적이 있습니다. 하지만 당연히 쉽게 될 줄 알았던 비자 승인이 떨어지지 않았습니다. 비행기표까지 다 마련해 놨는데 말입니다. 아쉽고 속상한 마음에 왜 비자가 거절되었는지를 알아보았습니다. 그런데 그 이유가, 얼마 안 되는 통장 잔고와 겨우 20만 원인 그의 월급 때문이었습니다. 객관적으로는 불법 체류의 가능성이 충분했습니다. 착한 그에게 천국 비자는 문제없겠지만 한국 비자는 거부되어 정말 미안했습니다. 하지만 정작 오웬 씨는 태연했습니다. '고등학교 과정을 신설하고 교실 신축을 준비하느라 엄청 바쁘다'며 오히려 저를 위로해 주었습니다. 참 좋은 친구입니다.

시간이 지나 다시 필리핀으로 의료봉사를 갔습니다. 이번에도 어김없이 오웬 씨는 봉사 현장으로 왔습니다. 그런데 이게 웬일인가요, 그의 얼굴이 어두웠습니다. 자세히 보니 살도 많이 빠졌습니다. 긍정적이고 낙천적인 사람인데 뭔가 심각한 문제가 생겼나 봅니다. 사연을 들어 보니 한창 학교 증축공사를 하는 중인데 건축업자가 돈을 챙겨 잠적했다고 했습니다. 공사가 완료되지 않았는데 왜 공사비를 다 주었냐고 물으니 건축업자가 같은 본당의 잘 아는 신자랍니다. 그자는 처음부터 작정을 하고 공사를 맡은 모양입니다. 사기를 칠 사람이 따로 있지, 착한 오웬 선생님에게 못된 짓을 하다니…. 화가 치밀어 올랐습니다.

한데 당사자인 오웬 씨는 그 건축업자에게 전화도 못 하고 있었습니다. 자꾸 독촉하면 그가 자살이라도 할까 봐 걱정된다는 겁니다. 한술 더 떠서 부인은 그럴 만한 사정이 있을 것이라며 인정 사정 다 봐주었습니다. 나 원 참! 그 남편에 그 부인이었습니다.

오웬 씨는 이 상황을 해결할 방법이 없었습니다. 제가 이미 그의 재정 상황을 다 알고 있으니까요. 그리고 건축업자를 찾아낸다 해도 현지의 사정으로는 돈을 돌려받는 것이 사실상 불가능했습니다. 엎친 데 덮친 격으로 기간 내에 공사를 마무리하지 않으면 학교 증설 인가마저 취소될 상황이었습니다. 오웬 씨의 얼굴이 반쪽이 될 만했습니다. 하지만 저에게는 하늘이 내려 주신 기회였습니다. 돈일랑 걱정 말고 공사를 계속 진행하라고 했습니다. 그동안 제가 오웬 씨에게 진 사랑빚이 막대했기 때문입니다.

가난한 지역에서의 무료 진료는 정말 필요합니다. 그러나 외국에서의 단기간 의료봉사는 위험 요소가 즐비합니다. 제대로 통역이 이루어지지 않으면 오진의 가능성이 생깁니다. 치아를 뺀 후 지혈이 안 될 수도 있고 환자가 공짜로 받은 약을 팔거나 오남용할 수도 있습니다. 입원이 필요한 환자도 당연히 찾아옵니다. 그래서 현지 의사의 협조가 반드시 필요한데 그동안 오웬 씨 덕분에 마음 놓고 의료봉사를 할 수 있었습니다. 그러니 이번에는 그가 공사를 마무리할 수 있도록 제가 나설 차례였습니다.

이듬해, 의료봉사를 마치고 오웬 씨와 함께 그의 학교에 놀러 갔습니다. 하하하하, 단층이었던 건물이 삼층으로 올라가는 중입니다. 언제든 와서 자고 가랍니다. 신나고 기뻤습니다.

죽었다 다시 살아나는 것만이 부활은 아니리라 여깁니다. 이 생을 살아가면서 남을 부활시켜 주고 그 재미와 보람으로 들떠 산다면 그 또한 부활이고 천국의 삶이 아닐는지요.

오웬 씨의 학교에서

실수를 해라

누구나 즐거운 휴가를 기대하며 일 년을 지냅니다. 저도 그랬었습니다. 하지만 언제부터인가 휴가 바라보기가 봉사 바라보기로 바뀌었습니다. 필리핀에서의 의료봉사, 정말이지 대단한 유혹입니다.

당연한 얘기지만 준비가 철저해야 현지 진행이 원활합니다. 의료진과 봉사자를 모집하고 제약회사에 의료품 기부를 요청하며 경비를 부담해 줄 회사나 은인을 찾아야 합니다. 현지에서도 주정부와 세관의 승인을 얻기 위해 문을 계속 두드려야 하고요.

큰 비용이 드는지라 항공료는 본인 부담이 원칙입니다. 그러나 책임자인 제 입장에서는 봉사단원들이 그 고생을 하는데 비행기 값까지 부담시키는 것이 영 마음이 쓰였습니다. 애경그룹의 부회장님이 생각났습니다. 예전에 가족의 혼배미사를 주례한 인연이 있는데 마침 계열사인 제주항공이 필리핀에 취항 중이었거든요. 우리 단원들의 항공권을 마련해 주고 싶어서 한번 뵙자고 했습니다. 물론 가능성은 그리 높지 않았습니다. 제가 하는 의료봉사는 기업을 홍보할 수 있는 수준이 아니니까요. 또한 우리 진료소에 오는 분들은 평생 가도 비행기는 못 타 볼 형편입니다. 도무지 성사되기가 어려웠습니다. 하지만, '못 먹어도 고!' 이것이 화투판에서만 하는 말이겠습니까? 원래 화약 장사가 많이 남고, 밑져야 본전이면 용감해지는 법입니다. 담판을 지으러 제주항공 본사로 향했습니다.

그런데, 부회장님은 시원하게 오케이였습니다. 준비해 간 긴 설명도 필요 없었습니다. 뿐만 아니라 제주항공의 고경표 팀장에게 인천 공항과 마닐라 공항에서 수속을 돕는 것은 물론 규정을 초과한 수하물도 비행기에 공짜로 실으라고 지시하셨습니다. 참석한 계열사의 임원들에게도 의료봉사가 차질 없이 진행되도록 도우라고 하셨고요. 게다가 부회장님은 사비로 의료봉사를 지원해 주셨습니다. 일이 술술 풀렸습니다.

며칠 후, 부회장님과 저녁 식사를 하게 되었습니다. 제주항공의 고 팀장도 함께 나왔습니다(세례명이 베드로더라고요). 회사에서 만나는 것과 식당에서 만나는 것은 분위기가 사뭇 달랐습니다. 의료봉사의 이모저모를 이야기하면서 편하게 식사를 했습니다.

대화는 주로 부회장님과 제가 주거니 받거니 했습니다. 베드로 팀장은 말을 아끼고 경청하는 편이었는데 … 아무래도 제가 보기에는 의료봉사에 참여하고 싶은 눈치였습니다. 그래서 슬쩍, 회사

차원에서도 봉사단원을 파견하면 어떠냐고 미끼를 던졌습니다. 그랬더니 벙어리 같던 베드로 팀장이 덥석 물었습니다.

"맞습니다. 신부님 말씀에 일리가 있습니다."

누가 들으면 짜고 치는 고스톱이라고 했을 겁니다. 그런데 어렵쇼, 부회장님도 흔쾌히 동의하셨습니다.

"신부님 뜻대로 하시지요. 음, 어떤가? 자네가 다녀오는 것이."

일이 재미있게 풀려 갔습니다.

식사 후 부회장님은 집으로 걸어가시고 이제는 한 배를 탄 베드로 형제와 카페로 향했습니다. 일정과 준비사항을 듣는 그의 눈이 반짝였습니다. 그에게 말했습니다.

"부회장님이 베드로 형제를 신뢰하시는 모양입니다."

"아닙니다. 제가 부회장님을 좋아합니다."

답변이 참 신선했습니다. 잘은 모르지만 기업 문화는 왕국과 같아서 최고 윗자리는 부러운 것이 없다고 생각해 왔습니다. 그러니 사원의 입장에서 최고경영자를 좋아한다는 표현이 쉽게 나올 말은 아닙니다. 정상적인 대답은 '존경합니다'입니다.

"좋아한다구요?"

"예, 전에 부회장님께서 저에게 '실수를 해라!' 그러셨습니다. 그때부터 부회장님을 좋아합니다."

멋진 상관과 훌륭한 부하였습니다.

아니나 다를까 봉사 현장에서 본 베드로 형제는 그런 말을 들을 만한 사람이었습니다. 오랫동안 해 온 일인 양 단원들과 손발이 척척 맞았습니다. 일뿐만 아니라 화합도 잘 이루어서 죽이 잘 맞았습니다. 보면 볼수록 탐나고 욕심나는 사람이었습니다. 그런 인재가 충직할 수 있도록 만든 말이 '실수를 해라'였습니다.

'명예는 상관에게, 공은 부하에게, 책임은 나에게!' 이진삼 장군이 한 말이랍니다. 좀처럼 잊히지 않습니다. 맞죠, 위에서 펴지니까 우산이고 뒤에서 안내하는 이정표는 없습니다.

세상에는 두 상관이 있습니다. 충성을 하라는 상관과 실수를 하라는 상관! 그러나 정작 충성은 실수를 강요하는 상관에게 하게 됩니다.

예수님께서 이런 말씀을 하신 적이 있습니다. 살아 있는 아버지에게 유산을 청해 손에 쥔 아들이 실컷 놀고먹다가 거지가 되어 다시 아버지에게 돌아온다는 비유입니다. 저는 이 내용이 정말 못마땅했습니다. 그런 무책임한 아버지가 어디 있습니까? 뻔히 어떤 결과가 있을 줄 알면서도 몹쓸 아들에게 유산을 넘겨주었잖아요. 그러고는 그 아들이 돌아올 때까지 동네 어귀에서 하염없이 기다리다니…. 그러나 '실수를 해라'라는 말을 듣고 나서는 이 비유가 다르게 보였습니다. '그분은 사랑하는, 그러나 망나니인 아들의 돌이킬 수 없는 실패를 기다리셨구나!' 아들은 아버지의 용서가 필요했지만 아버지는 아들의 실패가 필요했습니다.

저는 어렸을 때부터 잘못하면 혼나는 게 당연한 걸로 알고 자라 왔습니다. 그래서인지 하느님께서는 두려운 분이시라는 생각이 뿌리 깊었습니다. 그러나 지금은 다릅니다. 사람도 실수를 하라는 마당에 몽둥이를 드신 하느님은 상상이 안 되니까요.

하느님은 늘 성공하기만을 바라실까요? 아니요. 오히려 잦은 실수로 의욕과 자신감을 잃은 나에게 '괜찮아, 다시 해 봐, 할 수 있어, 내가 도와줄게.' 하고 응원해 주실걸요? 그분의 격려에 힘을 얻어 실패를 두려워하지 않고 다시 도전하는 다미아노가 될 것을 다짐합니다.

요셉의원

필리핀에서 의료봉사를 하다 보면 아쉬운 점이 있을 수밖에 없습니다. 그 중 가장 안타까운 것이 진료 장비입니다. 장비가 모두 이동용이다 보니 의사들이 제 실력을 발휘할 수가 없었거든요. 그렇다고 병원을 통째로 들고 올 수도 없는 노릇이고…. 하지만 병원을 통째로 빌릴 수는 있더라고요.

'필리핀 요셉의원'은 마닐라에 위치한 무료 병원입니다. 병원을 설립하고 운영하는 분은 서울대교구의 최영식 신부님이시고요. 신부님께 병원을 빌려서 의료봉사를 할 수 있는지를 여쭈었더니 대환영이라셨습니다. 알고 보니 신부님은 서울대교구에서 가톨릭중앙의료원장을 하셨는데 암에 걸리는 바람에 필리핀으로 요양을 가신 상태였습니다. 그런데 치료차 간 곳에서 가난으로 병원도 못 가는 환자들이 눈에 들어왔고 결국 그 몸으로 무료 병원을 여셨습니다. 학비도 많이 지원하셨고요. 도대체 이런 분들의 생각과 마음속은 무엇으로 채워져 있는 걸까요?

의료봉사를 마치고 한국으로 돌아온 어느 날, 최 신부님이 갑자기 건강이 악화되어 긴급 후송되셨다는 소식을 들었습니다. 부리나케 입원하신 병원으로 달려갔습니다. 신부님은 사경을 헤매면서도 오히려 그곳 병원을 걱정하셨습니다. 다행히 위기를 넘기고 퇴원했습니다만 필리핀으로 돌아가지는 못하셨습니다. 신부님의 역할은 병원 설립까지였나 봅니다.

그 후, 다시 필리핀 요셉의원으로 의료봉사를 갔지만 예전처럼 신이 나지 않았습니다. 그분의 빈자리가 컸던 거죠. 병원에 온 사람들은 최 신부님의 '최' 자만 나와도 울었습니다. 한 사람의 헌신적 사랑이 얼마나 숭고한 감동인지 분명히 알 수 있었습니다.

필리핀 요셉의원에서 '가난한 사람은 하늘이 내게 준 선물 The poor is a gift from heaven to me'이라는 문구를 봤는데 참 인상 깊었습니다. 선우경식이라는 의사 선생님이 하신 말이라는데 그분 또한 최 신부님처럼 훌륭한 분이시더라고요.

요즘도 의사는 누구나 원하는 직업이지만 40년 전에는 그 수입과 지위가 지금보다 훨씬 나았다고들 합니다. 선우경식 선생님은 그 시절 미국에서 공부한 의대 교수였습니다. 그러나 안정된 삶을 포기하고 무료 진료를 하는 병원을 세웠습니다. 그분이 40대 초반이던 1987년 여름의 일입니다.

보장된 미래를 가난한 사람들과 맞바꾸었으니 다들 미쳤다고 했을 겁니다. 그러나 불광불급不狂不及이라고 무슨 일이든 미치지 않으면 미칠 수 없는 것 아니겠어요? 그렇게 서울 외곽에 생긴 병원의 이름이 요셉의원입니다. 선우경식 선생님은 성당에 다니셨을까요? 그렇지요. 그러면 세례명은? 네, 요셉입니다.

하지만 생각해 보십시오. 무료 병원, 말이 쉽지 정년 퇴직하고 평생 모은 돈으로 시작해도 어려운 일입니다. 주말 봉사라면 벌어서 할 수 있습니다만 무료 병원은 빌어서 해야 하는 일입니다. 제 경험상 한 번의 의료봉사 비용도 만만치 않았습니다. 그러니 그분은 절박한 상황들과 얼마나 자주 맞닥뜨렸을 것이며 또 얼마나 하느님께 빌고 또 빌었겠습니까?

그 힘겨운 시기에 선우경식 선생님과 최영식 신부님, 두 분이 만납니다. 분명 사랑은 중력이 있습니다. 그것도 아주 강력하게 말이죠.

요셉의원을 설립한 선우경식 선생님은 2008년, 겨우 63세에 암으로 돌아가셨습니다. 하늘의 선물인 가난한 친구들을 위해 시간을 앞당겨 쓰신 모양입니다.

최영식 신부님은 선우경식 선생님이 선종하신 후, 필리핀의 열악한 지역에 두 번째 요셉의원을 세우셨습니다. 그리고 신부님도 2019년, 하늘로 돌아가셨습니다.

성직聖職이라는 것을 생각하게 됩니다. 거룩한 직무를 수행하는 것이라면 저는 성직자가 맞습니다. 그러나 거룩하게 일하는 것이라면 저는 … 자신이 없습니다.

두 분의 삶을 조금이라도 엿볼 수 있던 것을 축복으로 여기며 저 또한 그 사랑의 중력에 영향을 받고자 합니다.*

필리핀 요셉의원에 온
한비야 씨와 함께

---

* 선우경식 선생님이 세운 최초의 요셉의원은 안녕할까요?
  영등포역 너머의 어느 골목에서 여전히 가난한 환자들을 기다리고 있습니다.
  그 병원에는 설립자의 유언이 걸려 있습니다.
  '진료비를 내지 못할 정도로 가난한 사람이야말로 정말로 의사가 필요한 사람이다.'
  그렇게 말했고 그렇게 사셨습니다.
  그 유언 앞에서 감동으로 마음이 흔들렸고 부끄러움으로 고개가 숙여졌습니다.

롤롬보이

안드레아 수녀님은 성요셉병원의 원목 수녀님인데 상냥하고 겸손한 분입니다. 제가 그 병원에 미사를 드리러 다녀서 잘 압니다. 수녀님으로부터 선한 영향력을 많이 받았는데 아쉽게도 그분의 소임지가 필리핀으로 바뀌었습니다. 수녀님은 한국을 떠나면서 필리핀에 오면 꼭 들르라고 초대하셨습니다.

이듬해 필리핀 바타안Bataan 주州의 산골 마을에서 의료봉사를 마친 후 수녀님이 계시는 불라칸Bulacan 주州의 롤롬보이Lolomboy로 향했습니다. 그곳은 김대건 신부님이 신학생 시절 1837년, 1839년, 1842년 세 차례에 걸쳐 일 년 가량 머무셨던 곳입니다. 태어나신 솔뫼, 자라신 골배마실, 도착하신 용수와 나바위, 순교하신 새남터, 묻히신 미리내 … 김대건 신부님과 관련된 성지는 모두 순례했지만 필리핀에 김 신부님의 성지가 있는지 몰라서 부끄러웠습니다.

길을 헤매느라 롤롬보이에 도착한 것은 약속 시간을 훨씬 넘겨서였습니다. 죄송한 마음에 호들갑스럽게 인사하는 저에게 수녀님은 망고부터 내미셨습니다. 그런데 그 망고, 사연이 있더라고요. 수녀님은 뜰 안의 망고나무를 가리키며 알려 주셨습니다.
　"저 나무 아래서 당시 신학생이던 김대건 성인께서 부친의 편지를 읽으며 눈물을 흘리셨습니다."
　하지만 한 입 베어 문 망고에서 꿀물이 뚝뚝 떨어지는데 … 도무지 김대건 신부님의 슬픔을 느낄 수가 없었습니다. 저는 망고라면 아주 환장을 하거든요. 사실 의료봉사도 망고 먹고 싶어서 가는 겁니다.

수녀님의 안내로 인근의 현지 성당을 갔습니다. 놀랍게도 제단 오른쪽에 라파엘 호에 오르신 김대건 신부님의 동상이 눈에 들어왔습니다. 그뿐만 아닙니다. 신부님의 축일인 7월 5일이 되면 마을 축제가 열린답니다. 롤롬보이 성당의 주보 성인이 김대건 안드레아 신부님이기 때문입니다. 놀라운 감동이었습니다.

이튿날 아침, 롤롬보이 성당에서 본당 주임인 빈센트 신부님을 만났습니다. 한눈에도 사람좋은 양반이었습니다. 워낙 몸집이 커서 신자들은 빈센트 신부님 대신 '빅 신부님Father Big'이라는 애칭으로 부르던데 잘 어울렸습니다. 빈센트 신부님은 보여 줄 곳이 있다며 앞장섰습니다. 그분이 안내한 곳은 쓰레기 매립장인데 입구에서부터 역겨운 냄새가 진동했습니다. 안쪽으로 들어가니 나무판자로 얼기설기 지은 집들이 다닥다닥 붙어 있었습니다. 그 마을 이름이 이뽀Ipo였습니다.

마을 사람들은 쓰레기더미에서 돈이 될 만한 것들을 주워 사는데 그 수가 천여 명이었습니다. 수도가 들어올 리 없으니 우물물을 그냥 마시는데 그 오염된 물 때문에 얼마나 많은 아이들이 고생하고 때로는 생명도 잃을 것을 생각하니 마음이 아팠습니다. 저 건너에 좋은 집 지붕이 보였습니다. 쓰레기장을 경계로 천국과 지옥입니다. 그런데 얘기를 들어 보니 그것은 집이 아니라 공동묘지랍니다. 속이 더 쓰렸습니다.

수녀님의 귀띔을 들었는지 빈센트 신부님이 제게 물었습니다.

"이곳에 한국 의사들을 데리고 와 줄 수 없겠습니까?"

저는 찬성을 망설이지 않았습니다. 병원을 갈 수 없는 사람들, 의사가 오지 않는 곳을 돕는 것은 당연한 일이기도 했지만 예전에 이곳에서 김대건 신부님께서 지셨을 신세를 갚고 싶었습니다.

한국으로 돌아와 다시 의료봉사단을 꾸렸습니다. 해외의료봉사를 가려면 준비해야 할 것이 보통 많은 게 아닙니다. 그러나 김 신부님께서 도와주시는지 일이 착착 진행되었습니다.

얼마 후 롤롬보이 성지와 이뽀Ipo 마을을 다시 찾았습니다. 그동안 경험한 바로는 험한 곳의 주민들은 거친 경향이 있으나 이뽀의 사람들은 서로를 배려하는 모습이 확연했습니다. 참 아름답고 인상적이었습니다.

진료 일정을 마치고 마을에서 성 김대건 안드레아 신부 기념 미사를 드렸습니다. 사회복음화국장의 임기가 다 된 저로서는 이번이 마지막 의료봉사였습니다. 5년 동안 의료봉사에 애정과 열정을 다했던 역할이 이제는 마무리되었습니다.

그동안 기억하기도 싫을 정도로 가슴을 졸였던 순간이 몇 번이었는지 모릅니다. 그러나 잊을 수 없는 감동의 장면들은 더 많았습니다. 짐을 싸면서 그 일들이 떠올라 눈물이 그렁그렁해졌습니다.

그때 빈센트 신부님이 다가오더니 물었습니다.

"다음에 또 오실 거죠?"

다시 롤롬보이

"올 추석엔 의료봉사, 안 가십니까?"

함께 점심을 먹던 박상표 루카 형제가 점심을 먹다가 느닷없이 물어 왔습니다. 말이 나왔으니 말인데 한의사인 루카 형제는 하늘이 저에게 내려 주신 선물입니다.

첫 본당 팽성을 맡았을 때의 일입니다. 시골 본당이라 혼자 사는 어르신들이 많았습니다. 성당에 오실 수 있으면 다행이련만 대문 밖 출입도 힘겨워하셨습니다. 그분들을 찾아가면 파스 냄새가 먼저 반겼습니다. 그 냄새에 외로움마저 묻어 있었습니다. 등에 붙이려면 힘드셨을 텐데…. 어떤 할머니는 방문한 저를 반기며 본인은 주일도 못 지키는 죄인이라고 하셨습니다. 그리고 그 죄인께서 이렇게 말씀하셨습니다.

"예전에는 몇십 리를 걸어서 성당에 다녔어요. 그러나 이제는 다리가 시원찮아 십 리도 안 되는 성당을 못 가고 신부님을 오시게 하니 죄를 하나 더 짓는구만요."

또 어떤 할머니는 달력에 빨간 동그라미를 큼지막하게 쳐놓고 그 아래에 삐뚤빼뚤 '예수님 오시는 날'이라고 써 놓으셨습니다. 그런 분들에게 한 달에 한 번 성체를 모시고 가는 거룩한 일이 제 역할이었습니다.

언제부턴가 어르신들이 말씀하시기를, 웬 선생님이 와서 침 놔 주고 약도 주고 가는데 본당 신부인 저보다 자주 온답니다. 누구인지 금방 짐작이 갔습니다. 제가 아는 한 휴일에 먼 길을 운전하고 와서 공짜로 어르신들을 돌봐 드릴 수 있는 사람은 단 한 명, 루카 형제밖에 없었습니다. 지역 한의사들이 알면 멱살 잡힐 노릇이지만 누가 시켜서도 아니고 본인이 좋아서 하는 일이니 말릴 수도 없었습니다.

그 후로 10년이 지나 처음 의료봉사를 하게 되었을 때 제일 먼저 생각난 의사는 당연히 루카 형제입니다. 아니나 다를까, 아픈 사람을 찾아 가난한 나라로 가자는 말에 불나방처럼 달려들었습니다. 그 뒤로도 몇 번이나 함께 봉사를 떠났습니다.

바로 그 루카 형제가 물어 온 겁니다. '올 추석엔 의료봉사, 안 가시냐고?' 기가 막혔습니다. 사실 그 제안은 늘 제가 했던 소리입니다. '노느니 뭐하냐고, 봉사나 가자고.' 하지만 이제는 꿈같은 일입니다. 이미 지난 6월에 의료봉사를 담당하는 사회복음화국장의 임기가 종료되었습니다. 그리고 현재는 미국 비자가 나올 때까지 국내에서 대기하는 중이었습니다. 이런 상황의 저에게 해외의료봉사라니 말도 안 되는 일이죠. 그런데 참 주책이지, 가슴이 둥둥둥 울렸습니다.

설마하는 마음으로 같이 의료봉사를 했던 다른 의사에게 전화했습니다. 그랬더니 그도 무조건 가잡니다. '어라, 이것 봐라~.' 필리핀의 윤 신부에게 연락했습니다. 같이 한 의료봉사만 일곱 차례고 그가 없는 현지 의료봉사는 차라리 안 하는 편이 낫기 때문입니다. 그 역시도 묵직한 찬성표를 던졌습니다. 마음은 벌써 봉사 현장을 향해 날아올랐습니다.

그러나 해외의료봉사는 그리 만만한 일이 아닙니다. 손발이 맞는 봉사단을 꾸려야 하고 의약품을 비롯한 많은 후원을 받아야 하며 확보해야 할 예산도 적지 않습니다. 그리고 현지에서도 의료봉사 승인, 봉사자 모집, 의약품 구입 등을 꼼꼼히 준비해야 합니다. 무엇보다 세관 통과를 위한 사전 승인 작업은 정말 피를 말리는 일입니다. 게다가 추석까지는 고작 3주, 예산은 없었습니다.

급한 대로 교구장 주교님께 의료봉사에 대한 허락을 청하는 메일부터 드렸습니다. 기대는 컸지만 가능성은 낮았습니다. 한 시간도 안 돼서 답장이 왔는데 좋은 일이라고 격려하시며 건강히 다녀오라고 하셨습니다. 루카 형제를 만난 후 주교님의 승인이 나기까지 불과 세 시간밖에 안 걸렸습니다. 예감이 좋았습니다.

그 후 일주일 사이에 병원 문 닫고 봉사에 참여하겠다는 정신 나간 의사가 또 나타났습니다. 목표로 한 기부금은 너무나 쉽게 채워졌고 오히려 넘쳤습니다. 필리핀에서도 식사와 차량, 호텔을 제공했던 사람들이 다시 손을 들었고 필리핀 의사 네 명도 참여를 약속했습니다. 이 모두가 기다렸다는 듯이 이뤄지는 것을 보고 '될 일'이라는 확신이 생겼습니다.

　봉사현장은 당연히 이쁘Ipo 마을이었습니다. 사람이 살 수 없는, 아니 살아서는 안 되는 그곳.
　반 년 만에 다시 찾은 마을에서 우리는 서로 얼싸안았습니다. 마을 사람들이 기다린 것은 치료할 의사가 아니라 정든 친구였습니다. 그래서 진료기간은 차라리 축제요 잔치였습니다.

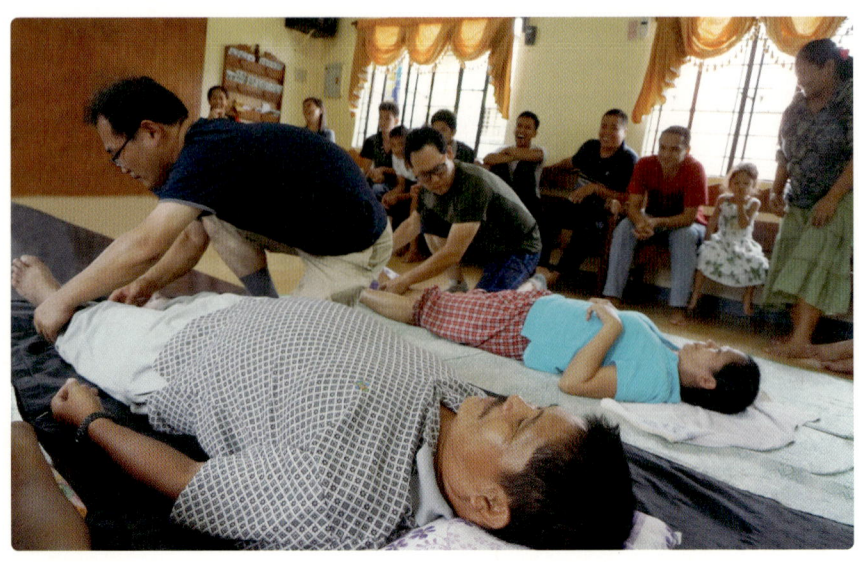

헌신적인 의사들은 그 더위에 한 사람이라도 더 진료하려 애를 썼고, 그런 의사들에게 동네 사람들은 뭐라도 대접하고 싶어서 안달이었습니다. 이가 뽑힌 아이는 아파서 우는데 그걸 보고 고만고만한 녀석들이 깔깔대고 웃었습니다. 자기들 차례가 곧 돌아올 텐데 말입니다. 출출한 오후가 되면 졸리비 햄버거와 음료수 하나에도 온 동네 사람들은 소풍 온 듯 즐거워했습니다.

필리핀 요셉의원의 '가난한 사람들은 하늘이 주신 선물입니다'라는 그 말, 가난한 사람들이 더 이상 불쌍해 보이지 않자 그 뜻이 보였습니다. 지난 봄에 빈센트 신부님은 이 가련한 마을에 의사가, 그것도 멀리 한국에서 찾아와 무료로 진료한 것은 처음이라며 이뽀 마을에 한 번 더 와 줄 수 없냐고 부탁했습니다. 하지만 당시 저는 약속할 수가 없었습니다. 임기 만료로 더는 의료봉사를 할 수 없는 상황이었으니까요. 그런데 이렇게 빈센트 신부님의 바람이 이루어졌습니다.

의료봉사, 늘 가난한 잔치였고 별의별 일이 다 생겼지만 늘 하느님께서 뒷감당을 해 주셨습니다. 진료를 마친 그 자리에서 마을 사람들과 함께 한국 순교자 대축일 미사를 드렸습니다. 아마 김대건 신부님께서도 천국의 망고를 자시며 흐뭇이 웃고 계시리라 여겼습니다. 제 생의 마지막 의료봉사가 그렇게 마무리되어 갔습니다.

톰과 제리

하루는 방글라데시에서 온 세바스찬 신부와 사제양성 과정에 대해 이야기를 나누었는데, 그의 나라에는 각 교구마다 소신학교가 있고 그곳을 졸업한 신학생은 모두 수도에 있는 대신학교로 진학한답니다. 그러나 자기 고향, 실렛Sylhet교구만은 소신학교가 없어서 어린 성소자들을 다른 교구로 유학을 보낼 수밖에 없다고 했습니다. 그래서 실렛교구는 소신학교를 세우는 일이 가장 시급하다는 겁니다. 어린 나이에 이슬람 국가에서 사제의 꿈을 품었다면 얼마나 기특한 일입니까? 그래서 더욱 성소의 못자리인 소신학교가 없다는 사실이 안타까웠습니다.

저는 수원 신학교 출신입니다. 동급생 중에는 인천, 춘천, 원주교구 친구들도 있었습니다. 그들 교구에는 신학교가 없었기 때문에 유학을 온 셈입니다. 그러나 한국과 방글라데시는 큰 차이가 있습니다. 실렛교구만 해도 24개의 민족이 있으며 각각 언어와 문화가 서로 다릅니다. 오직 신앙만 같을 뿐입니다. 그래서 같은 지역에서의 소신학교 생활도 적응하기가 힘듭니다. 더구나 다른 교구의 소신학교에서 더부살이를 하는 것은 차라리 생존 문제여서 20명 중 1명만이 살아남아 사제가 될 뿐입니다.

한국에서 사제가 된 저는 넘치는 지원을 받았습니다. 어린 나이에 학사님, 학사님 하며 존대까지 받았습니다. 그냥 나만 잘하면 되었습니다. 물론 거저 사제가 되었다는 말은 아닙니다. 고민과 고비 없이 사제가 된 사람이 누가 있을까요? 사제가 되기란 결코 쉽지 않습니다. 모든 것이 갖춰져 있어도 어려운데, 하물며 소신학교마저 없다는 것은 교구나 신학생에게 너무도 가혹한 현실입니다. 그래서 소신학교 건립에 작은 힘이나마 보태고 싶었습니다.

얼마 후, 실렛교구 비조이Bejoy 주교님의 편지를 받았습니다. 신설 교구장으로서의 어려움이 담겨 있었습니다. 당신도 월셋집에서 살고 있지만 소신학교가 더 시급하다고 하셨습니다. 그 절박함이 구구절절이 느껴졌습니다. 대리구장 김화태 신부님에게 보고드렸더니 그런 곳이 있느냐며 가서 현장을 확인해 보라고 하셨습니다. 그러나 막상 일을 진행하려고 하니 두려움이 앞섰습니다. 의욕만 앞서 공연히 일만 벌인 것은 아닌지…. 마음먹은 액수는 공사비의 10%에 불과했고 그마저도 있는 돈이 아니었습니다.

방글라데시에 도착하여 주교님을 찾아뵈었습니다. 황송하게도 손수 소신학교 부지를 안내하셨습니다. 그러나 정성을 다하시는 모습에서 저에 대한 기대감이 느껴져 부담스러웠습니다. 가진 것도 없고 정말 별 볼일 없는 위치이기에 자칫 주교님에게 헛된 희망만 드릴까 싶어 너무너무 조심스러웠습니다.

실렛에 머무는 동안 숙소는 주교관 옆 성당이었는데, 헨리 신부님이 본당 사목을 맡고 있었습니다. 처음에는 그분이 신부님인지도 몰랐고 성당에서 허드렛일하는 할아버지인 줄로 알았습니다. 신부님은 뭐가 그리 좋은지 항상 싱글벙글이었습니다. 예상치 못한 기대를 받아 한숨만 푹푹 나오던 저로서는 신부님이 몹시 부러웠습니다. 그래서 헨리 신부님에게 속마음을 털어놓았습니다. 돕고 싶으나 능력은 없고, 기대는 한몸에 받고 있다고 했습니다. 짧은 영어로 얘기하다 보니 답답함이 두 배였습니다.

"톰과 제리를 봐."

기껏 속마음을 얘기했는데 겨우 만화영화나 보라고 했습니다. 그런데 희한하게도 웃음이 나왔습니다. 알다가도 모를 일입니다. 다른 사람이 그랬으면 울화통이 터졌을 텐데 말입니다. 한바탕 웃고 난 후, 신부님의 얘기를 들었습니다.

"내가 자네처럼 젊었을 때 어느 시골의 본당신부였다네. 하루는 돈도 쌀도 딱 떨어졌지 뭔가. 내 유일한 낙이 '톰과 제리'를 보는 걸

세. 배고픔도 달랠 겸 그걸 봤지. 한참을 깔깔대고 웃는데, 누군가 사제관을 두드렸어. 낯선 사람이 성당을 열어 달라더군, 기도하고 싶다고. 문을 따 주고서는 '톰과 제리'를 계속 봤지. 잠시 후 그 사람이 고맙다며 봉투를 하나 놓고 가더군. 그런데 그 안에 한 달은 먹고 살 수 있는 돈이 있지 뭔가. 그러니 자네도 어려움이 닥치면 '톰과 제리'를 보게나. 나는 요즘도 매일매일 빼놓지 않고 본다네. 하하하하."

명의가 내린 형편없는 처방전이었습니다. 다시 눈물을 흘려가며 한참을 웃었습니다. 그깟 만화가 얽힌 실타래의 한 올이라도 풀 수 있겠습니까? 그렇다고 머리를 감싼 고민이 문제를 해결해 주는 것 또한 아닙니다. 그러니 차라리 '톰과 제리'나 보면서 신나게 웃으라는 것이 처방이었습니다.

헨리 신부님은 2021년 2월 14일, 천국으로 가셨습니다.

성당에서 묵는 동안 아름다운 사실을 하나 발견했습니다. 사람들이 신부님을 "파더Father"라고 불렀습니다. 영어권에서는 부친도 Father라고 부르고 신부도 Father라고 부르니 당연한 일입니다. 그러나 헨리 신부님을 부르는 말에는 감출 수 없는 애정과 존경이 담겨 있었습니다. 신분과 직책으로서의 'Father'가 아니었습니다. 저도 사람들이 신부님이라고 부르기는 합니다.

성당에는 많은 아이들이 제집처럼 들락날락거렸는데, 아예 성당에서 생활하는 학생도 있었습니다. 신부님의 월급은 무려 4만 원인데 그 많은 아이들의 학비를 대 주고 있었습니다. 어떤 수준의 노력을 하는지 짐작할 수 있었습니다. 신부님이 매일매일 '톰과 제리'를 봐야 하는 이유가 분명히 있었습니다.

한국으로 돌아와서는 당장 '톰과 제리' DVD부터 구해서 봤습니다만 분명 예전에는 재미있었는데 시시하기가 짝이 없었습니다.
 그런데, 그런데 … 정말 놀라운 일들이 생겼습니다. 큰 기대는 안 했는데 소신학교 건립을 위한 문의와 후원이 이어졌습니다. 하도 신기해서 그래프까지 그렸습니다. 정말 '톰과 제리' 덕분일까요? 요즘은 신부님이 헨리인지 제리인지 자주 헷갈립니다.

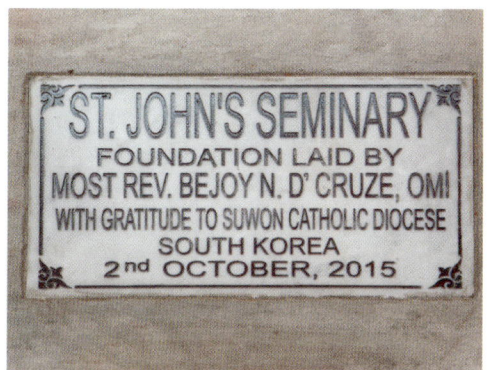

2015년 10월 2일
실렛교구는 수원교구의 협력으로 소신학교의 첫 삽을 떴습니다.

라자이 시몬성당

방글라데시의 라자이Rajai라는 마을에 간 적이 있습니다. 수도 다카Dhaka에서 버스로 밤새 이동하고 오토바이로 반나절, 배로 강을 두 번 건너야 겨우 도착하는 곳입니다. 바로 앞 산 너머가 인도이니 방글라데시의 끝마을입니다.

꾀죄죄한 모습으로 성당에 들어섰는데 한 무리의 사람들이 기다리고 있었습니다. 세상에나 … 자기네 성당을 방문한 낯선 외국인을 위해 꽃을 건네고 노래를 불러 주었습니다. 예기치 않았던 환대에 감동을 받았습니다. 그런데 그게 끝이 아니었습니다. 한 여자아이(부르날리)가 오더니 다짜고짜 먼지가 가득한 신발과 양말을 벗기려고 했습니다. 저는 한사코 안 된다고 했지만 결국 그 고장의 풍습을 존중할 수밖에 없었습니다. 부르날리는 기어이 더럽고 냄새나는 발을 씻기고는 … 입맞춤까지 했습니다. 얼굴이 다 화끈거렸습니다.

당황스러운 환영식을 마치고 나서 둘러본 라자이 마을은 전형적인 농촌으로 아주 평화로웠습니다. 마실을 다녀오니 본당 주임인 요셉 신부님이 점심을 차려 내오셨습니다. 젓가락 대신 손가락으로 먹었는데 그 맛이 기가 막혀서 남김없이 다 먹었습니다.

성당을 떠나면서 신부님에게 3백 달러(36만 원)를 후원금으로 드렸더니 몹시 고마워하셨습니다. 나중에 알게 된 사실인데 신부님의 생활비가 38달러(5만 원)였으니 제가 닭 한 마리 값으로 거의 연봉을 드린 셈입니다.

그 후로 일 년이 지난 어느 날, 그 라자이 마을에 성당을 짓는 다는 소식이 들려왔습니다. 두 칸짜리 작은 폐교를 성당으로 사용하던 기억이 떠올랐습니다. 건물이 너무나 낡고 허름해서 오히려 꽃밭이 도드라지게 예뻤습니다. 드디어 새 성당을 짓는다고 하니 제가 다 기분이 좋았습니다.

옛 성당

그러나 기쁨은 잠시, 그 가난한 마을에서 무슨 재주로 성당 지을 큰 돈을 마련할지를 생각하니 답답함이 올라왔습니다. 제 발을 닦아 주던 어린 소녀가 생각났습니다. 저는 능력자도, 더더군다나 해결사도 아니지만 모른 척할 수는 없었습니다.

그렇다고 두 팔 걷어붙일 상황은 또 아닙니다. 비자만 나오면 곧 미국으로 떠나야 했기 때문입니다. 국내 일을 마무리해야지 외국 일을 시작할 때는 아니었습니다. 정말 마음은 굴뚝같았지만 도무지 어쩔 도리가 없었습니다. 하느님께 부탁드리는 수밖에요….

그런데 정확히 그 다음날입니다. 어느 낯선 자매님에게서 만나고 싶다는 전화를 받았습니다. 오시라고 했지요.

"뭔가 의미 있는 일을 하고 싶어요."

문득 짚이는 구석이 있었습니다. 그래서 물었습니다.

"혹시 외국 일이어도 상관없습니까?"

"괜찮아요."

"새 성당이 필요한 곳이 있습니다."

"바로 그런 일을 찾고 있어요."

저는 구체적인 액수를 말씀드렸고 자매님은 우선 가족과 상의하고 오겠다고 하셨습니다. 자매님이 가시자마자 저는 즉시 방글라데시로 연락했습니다. 좋은 일이 생길 수도 있으니 온 신자와 기도하라고 라자이성당의 요셉 신부님에게 알려 드렸습니다.

하지만 아무리 기다려도 자매님에게서는 연락이 없었습니다. 아무래도 액수가 액수이다 보니 부담스러우셨겠지요. 하지만 마을에서 정말 열심히 기도하고 있을 텐데… 안타까웠습니다.

한 달쯤 지났을 때, 어느 성당에 미사를 봉헌하러 갔습니다. 일찍 도착한 성당에서 그 자매님과 마주쳤습니다(그 본당의 교우인지 몰랐습니다). 순간 조심스러웠습니다. 생각보다 금액이 많아서 가족이 반대했겠지요. 사실 그분이 하겠다고 말한 적도 없습니다. 그렇지만 이렇게 갑자기 만나니 얼마나 불편하셨겠어요?

그러나 예상과는 달리 자매님은 반갑게 저를 맞이하며 안 그래도 곧 찾아뵈려던 참이라고 하셨습니다. 그동안 국내에 없었다며 좀 복잡한 사연이 있으니 이해해 달라셨습니다.

며칠 후 자매님이 다시 사무실에 오셨습니다. 그분이 내민 봉투 안에는 성당을 짓기에 넉넉한 돈이 들어 있었습니다. 그리고 놀라운 것은 봉헌하는 이유였습니다. 얼마 전 교통사고로 돌아가신 남편의 이름으로 성당을 짓고자 한다는 겁니다. 사랑하는 이의 갑작스런 죽음을 받아들이기가 고통스러울 텐데 그 와중에 선행으로 '삶의 자국'을 남기려는 가족의 의지가 참으로 감동스러웠습니다.

이 소식을 라자이 마을에 전하자 새로 지어질 성당의 이름을 은인의 본명인 시몬으로 하겠다고 했습니다. 그리고 언제까지나 고인과 그 가족을 위해 기도할 것을 약속했습니다. 저는 그 약속이 진심임을 압니다. 왜냐하면 주는 이에게는 선행이지만 받는 이에게는 늘 기적이었기 때문입니다.

어김없이 일어나는 기막힌 타이밍을 생각하면 주님께서는 사람이 선행을 하게끔 창조하셨고 해야 할 선행을 마련하셨음을 확신하게 됩니다. 그러니 누군가를 돕고 싶은 마음이 피어나면 주저 없이 해야 합니다. 그게 바로 창조질서를 따르는 삶이니까요.

아바르 아스벤 Abar ashben

미국에서 사목하던 중에 멀리 휴가를 다녀와야 할 일이 생겼습니다. 드디어 라자이성당이 다 지어져 축성식을 거행한다는 기쁜 소식이 도착했기 때문입니다. 한국에서도 봉헌한 자매님이 오신다고 해서 저도 방글라데시행 비행기표를 끊었습니다. 주교님을 모시고 한 축성식은 동네의 큰 축제였습니다. 성당의 이름은 당연히 '시몬성당'입니다.

기쁨의 일정을 마치고 카타당가로 이동했습니다. 그곳은 예전에 신부님들이 한밤중에 성당에서 강도를 당했고 그런 이유로 안전이 확보된 사제관을 요청받았던 곳입니다. 멀기는 그곳도 마찬가지입니다. 라자이에서 카타당가까지 꼬박 이틀이 걸렸습니다. 카타당가는 사제관 건축을 후원하면서 가 본 적이 있었는데 이번 방문은 만나고 싶은 사연이 있었기 때문입니다.

마토비, 성당 옆 수녀원에서 지내는 친구입니다. 수녀님들은 부모가 없는 아이들을 데리고 살고 계셨는데 그 중 한 아이입니다. 예전에 카타당가에 갔을 때 말은 한 마디도 안 통했지만 아이들과 재미나게 놀았습니다. 떠나는 날, 마토비가 저에게 그랬습니다. "다시 와요 Abar ashben." 가슴을 떨리게 했던 그 말 때문에 이틀을 달려간 겁니다. 그렇게 마토비와 만나서 또 재밌게 놀았습니다.

성당 마당에 예쁜 자동차 한 대가 서 있었습니다. 수녀님에게 여쭤 보니 먼 곳에 사는 학생들을 위한 스쿨버스라고 했습니다. 우기철만 되면 못 오는 아이들이 그렇게 많답니다. 그래서 빚을 내서 구매했다네요. 앗싸, 이거야말로 천당 갈 기회죠. 스쿨버스 빚을 제가 갚겠다고 했습니다. 마음 같아서는 '마토비 버스'라 부르고 싶었습니다. 그 애가 아니면 없을 차니까요.

그리고 그날 밤 저는 수많은 별을 보며 꿈을 꾸었습니다. '이곳에 고아원이 세워질 수 있다면…' 그저 꿈이지만 그 생각만 하면 기분이 좋아집니다. 좋은 뜻을 품으면 그 뜻이 스스로 깨어난다고 믿으니까요. 다시 수도 다카로 돌아왔습니다. 몹시 피곤했지만 마음은 한껏 부풀어 올랐습니다.

내일이면 미국으로 돌아가야 하는 마지막 밤이었습니다. 숙소인 수도원으로 현지 신부가 찾아왔습니다. 안면이 있는 신부였는데 한참을 머뭇대다 얘기를 털어놓았습니다. 그는 십 남매의 맏이입니다. 이번에 스무 살 차이 나는 막내 여동생 선데이가 그 어렵다는 의대에 합격했습니다. 그러나 기쁨의 안개가 걷히자 입학금조차 마련하지 못하는 집안 형편이 드러났습니다. 돈을 탈탈 털고 여기저기 손을 벌려 간신히 기간 내에 등록을 했습니다. 하지만 산 너머 산이라고 매달 내야 하는 학비는 도무지 감당하지 못하겠다고 했습니다.

우리는 남성男性과 부성父性을 포기하고 신부가 되었습니다. 돈은 조금밖에 못 받습니다. 그래서 자부심이 있습니다. 그런데 그 자존심을 굽히고 여동생의 처지를 설명하는 오빠 신부의 목소리는 절박함으로 떨렸습니다. 때문에 같은 신부인 저로서는 부탁이 아니라 협박처럼 들렸습니다. 어쩌겠습니까? 무조건 하겠다고 했지요. 그는 그제야 굽힌 몸을 펴고 고맙다고 했지만 얼굴에는 여전히 기쁨이 피어나지 못했습니다. 짓누른 돈의 무게가 그만큼 컸던 거지요. 선데이에게 오빠는 큰 복입니다(선데이는 오빠가 학비를 마련한 과정과 심정을 모르겠지요. 아니 모르는 게 나을 겁니다). 오빠의 사랑에 보답하듯 선데이가 좋은 의사가 되기를 바랍니다.

방글라데시 의사가 필요했던 건 사실 저입니다. 예전에 방글라데시에서 현지 의사와 의료봉사를 한 적이 있습니다. 의사를 하루

동안 고용하는 비용은 고작 5만 원이고, 하루 100만 원이면 마을 사람들을 진료하고 약을 나눠 주며 심지어 잔치를 벌일 수 있기까지 했습니다. 그때부터 내심 의사를 키우고 싶어했습니다. 그러니 서로의 필요가 맞아떨어진 겁니다.

더군다나 선데이는 대대로 산속에서 살아온 카시Kashi 민족입니다. 다 합해도 3만 명밖에 안 되는 소수 민족입니다. 지금도 어르신들은 카시 말만 알지 공용어인 벵골어를 몰라서 아무리 아파도 혼자서는 병원에 못 갑니다. 그래서 같은 민족 내에서 의사가 나면 정말 귀하게 쓰일 수 있습니다.

선데이는 공부 잘하고 있다고 가끔씩 소식을 전해 옵니다. 암요, 잘해야죠. 의사가 되기만을 고대하고 있으니까요. 의사 선데이Sunday가 일요일에 행하는 의료봉사의 신나는 사진과 소식들을 읽으며 기뻐할 날을 기다립니다.

2023년 11월 23일, 선데이는 의사가 되었습니다.

부릉부릉

얼마 전 알게 된 사실인데 멕시코는 명색이 가톨릭 국가지만 신부가 부족하여 신자들이 어려움을 겪고 있으며 신부의 손길이 닿지 않는 지역은 줄줄이 개종을 한답니다. 멕시코 남부에 위치한 캄페체교구는 상황이 너무나 열악해서 한국에 도움을 요청했고 이에 한국외방선교회가 그곳에 다섯 명의 신부를 파견했습니다.

캄페체의 경우 신부가 부족한 상황이 어느 정도인가 하면 혼자서 보통 주일 미사 여섯 대를 드립니다. 그것도 본당에서는 한 대만 드리고 공소를 일일이 방문하여 미사를 봉헌합니다. 가난하고 교통이 불편한 곳이라 신자들은 성당에 오지 못하기 때문입니다. 문제는 그런 공소가 마흔 군데나 있다는 것입니다. 당연히 주일에 사제 혼자서 그곳을 모두 다닐 수 없으니 평일에도 미사를 드리기 위해 하루에 대여섯 공소를 다녀야 합니다.

미국에서 저는 신자들과 일주일에 세 번 미사를 드렸습니다. 그러나 멕시코의 사제들은 오십 번 가까이, 그것도 먼 길을 다니며 미사를 드립니다. 그런 선교지의 사제들에게 자동차는 너무나 중요할 수밖에요. 자동차가 없으면 미사도 못 드리니까요.

피정을 겸해서 한국외방선교회의 멕시코 지부가 있는 캄페체에 갔습니다. 양금주 토마 신부님이 지부장인데 아주 오랜만에 만났습니다. 제가 방문해도 되냐고 여쭈니 수원교구와 한국외방선교회는 형제라며 반겨 주셨습니다(같은 신학교에서 공부했거든요). 거의 이십 년 만에 만나서 서먹서먹할 줄 알았는데 별로 어색하지가 않더라고요. 양 신부님이 편하게 해 주셔서 그런 게지요.

어느 아침, 정원 관리를 하던 양 신부님이 '공소에 가려면 사륜 오토바이를 한 대 사야 하는데…'라며 혼잣말을 하셨습니다. 신부님은 무심코 말하셨지만 저에게는 유심히 들렸습니다. 다른 것도 아니고 사목에 필요한데 어찌 모른 척할 수 있겠습니까? 제가 마련해 보면 안 되겠냐고 했더니 새 부임지에 간 아우에게 부담을 줄 수는 없다고 하셨습니다. 하지만 졸라서 결국 승낙을 얻어 냈습니다. 그런데 미국으로 돌아온 지 얼마 안 되어 양 신부님으로부터 다시 연락이 왔습니다. 신부들과 회의를 했는데, 사륜 오토바이는 우기 때 운행이 어렵고 또 위험하기까지 해서 오토바이 값을 보내 주면 이 돈 저 돈 합해서 중고차를 사기로 했답니다.

저는 다녀와 봐서 그곳 사정을 조금은 압니다. 멕시코 선교지부에 처음으로 방문한 손님이 저였습니다. 제가 본 바로는 건물 완공이 덜 되어 양 신부님은 매일매일 공사에 매달리셔야 했습니다. 그러니 건물을 새로 지은 선교지부에 돈이 어디 있겠습니까? 빚이 있으면 있지. 선교란, 영화 「미션」에서처럼 피리 하나 들고 폭포를 기어오르는 것이 아닙니다. 요즘 시대의 선교는 뒤와 옆에서 지원하지 않으면 그 임무를 효율적으로 할 수가 없습니다. 또한 아무나 선교지로 갈 수는 없지만 누구나 협력할 수는 있습니다. 선교사들이 활약할 수 있도록 도우면 간접 선교사입니다.

저는 미사를 드리기 위해 사제가 되었습니다. 하지만 비자가 나오지 않아 미국에 들어가지 못했고 부임지 올버니성당에서 반 년 동안이나 미사를 드리지 못했습니다. 어떻게 해도 해결할 수 없는 문제였습니다. 그러나 차가 없어서 미사를 드리지 못하는 것은 얼마든지 해결 가능한 문제입니다.

올버니성당은 주일미사에 150명이 나오는 작은 공동체입니다. 돈 안 되는(?) 주일학생과 유학생을 빼면 정말 작디작지요. 일랑 선생의 말씀이 떠올랐습니다. '돈이 없어서 못 하냐? 뜻이 없어서 못 하지.' 맞지요. 그 말에 힘을 내어 교우들과 뜻을 모았습니다. 정말 자동차가 생겼습니다. 이 녀석을 타고 사제가 미사를 드리러 먼 길을 마다않고 다닐 것을 생각하면 마음이 뿌듯합니다.

스나이더 부부

올버니성당에 부임한 지 두 달쯤 지났을 때의 일입니다. 점심을 먹고는 평소대로 인근 공원으로 걸으러 나갔습니다. 원래는 공원을 크게 두 바퀴 돌아야 하는데 그날따라 게으름이 도져서 한 바퀴만 돌고 성당으로 돌아왔습니다. 차고에 주차를 하고 나오는데 성당 주차장으로 낯선 차가 들어왔습니다. 이곳에 온 지 얼마 되지 않았어도 성당이 작아서 교우들의 차를 거의 다 기억하거든요. 그런데 차뿐만 아니라 차에서 내린 사람도 낯설었습니다.

"당신이 이 성당의 신부요?"

그 낯선 미국인이 소리쳤습니다. 당황스럽게도 영어였습니다. 말이 안 되는 상황이었습니다. 하필이면 그와 동시에 성당에 도착해서 못 들은 척 피할 수도 없었습니다. 아 이런, 외나무다리가 언어에도 있다니….

신부라고 했더니 제게로 성큼성큼 다가왔습니다. 겨울인데도 반팔 차림이었고 팔뚝의 문신에 기름이 덕지덕지 묻어 있었습니다. 불안했습니다. 머리는 경보를 울려 댔고 온몸의 근육은 잔뜩 긴장했습니다. 여차하면 뛰어야 했습니다. 그렇지만 불행히도 사람보다 느리다는 총알은 들어본 적이 없습니다.*

마주 선 그가 '스나이더 씨를 아느냐?'고 물어 왔습니다. 당연히 알지요. 얼마 전 부인인 공 마리아 씨와 함께 오랜만에 성당에 오셨거든요. 그래서 '그 부인까지 잘 안다'고 했습니다. 그랬더니 자기가 사위라며 그분들의 사진을 보여 주었습니다. 그제야 경계심이 사라졌습니다.

그는 겉보기와는 달리 공손히 두 손을 모으고 장모님이 병원에 입원하셨다고 또박또박 설명했습니다. 덧붙여 신부님이 방문하시면 깊은 감동을 받을 것이라고 했습니다. 그것이 일하다 말고 성당으로 달려온 이유였습니다. 마리아 할머니가 훌륭한 사위를 얻었다는 생각이 들었습니다. 당연히 '오늘 안으로 찾아뵙겠다'고 약속했습니다.

그가 떠난 후, 새로운 긴장이 시작되었습니다. 약속대로 가기는 가야겠는데 미국에서 병원 방문은 처음이거든요. 부끄러운 고백이지만 주유소에서 처음으로 혼자 기름 넣고 계산했을 때 얼마나 뿌듯했는지 모릅니다. 그뿐인가요, 대형마트에서 도움 없이 장을 봤을 때에는 스스로가 대견하기까지 했습니다.

---

* 미국에서 사람들에게 자동소총을 난사하는 것을 바로 앞에서 목격한 적도 있습니다.

하는 수 없이 청년 야고보에게 SOS를 쳤습니다. 야고보는 (어디선가 누군가에 무슨 일이 생기면 엄청난 기운이 생긴다는) '짱가'처럼 달려왔습니다. 양 떼를 돌보러 미국까지 왔건만 양의 보살핌 없이는 아무것도 못 하는 초보 양치기가 바로 저였습니다.

야고보와 병원으로 가는 차 안에서 지난 12월 30일을 회상했습니다. 그날은 우리 성당의 주보인 성가정 축일이어서 저녁 미사와 송년회가 있었습니다. 미사를 드리기 전, 낯선 노부부가 앉아 계시기에 다가가 인사를 드렸습니다. 그분들이 바로 스나이더 부부였습니다. 반갑게도 제가 보낸 성탄카드를 받고 몇 년 만에 성당에 왔다고 했습니다. 성당 공동체가 크지 않아 모든 가정에 성탄카드를 썼거든요. 그날 두 분은 미사뿐만 아니라 송년회에도 참석했고 오랜만에 교우들과 함께 즐거운 시간을 보냈습니다.

송년회가 한창일 때 스나이더 씨는 제게 다가와 지갑에서 아주 오래된 사진을 꺼내 보여 주었습니다. 젊고 예쁜 여인이었습니다. 누구시냐고 물으니 아가씨였을 때의 부인이랍니다. 세상에나, 사진을 넣고 다니는 할아버지는 처음이었습니다. 사진만이겠습니까? 부인에 대한 애정도 마음속에 고이 간직해 왔겠지요.

그것이 불과 3주 전의 일입니다. 병실에서 만난 마리아 할머니는 몹시 쇠약해진 나머지 앉지도 못했습니다. 간호하는 할아버지도 성당에서 보았을 때와는 달리 많이 수척해 보였습니다. 다만 변하지 않은 것이 있다면 부부의 애정이었습니다. 기도드리는 내내 서로 꼭 잡은 손을 놓지 않았으니 말입니다. 병자성사를 마치고 떠나려는데 병실 밖으로 따라 나온 스나이더 씨가 저에게 부인의 절박한 상황을 설명했습니다. 그러다가 끝내는 참았던 눈물을 흘렸습니다. 비록 그 사연을 다 알아듣지는 못했지만 그 마음만은 분명히 알 수 있었습니다. 참으로 애절한 감동이었습니다.

며칠 후 사위에게 전화를 걸어 장모님의 건강을 물었습니다. 다행히 고비를 넘기고 퇴원은 하셨으나 안심할 상황은 아니라고 했습니다. 교우들과 기도드리겠다고 곧 좋아지실 거라고 위로했습니다. 그러나 두 분이 손잡고 평화로이 산책도 하고 성당도 나오시기를 진심으로 바랐지만 마리아 할머니는 제가 한국으로 돌아올 때까지도 기력을 회복하지 못하셨습니다. 안타깝게도 오랜만에 송년 미사에 참례한 그날이 성당에 온 마지막이었습니다. 지금도 이 사진을 보면 마음이 짠해집니다.

페루박 신부

　미국에 부임한 지 석 달이 조금 지나서 백일 휴가를 갔습니다. 박경환 신부와 같이 떠났습니다. 사실은 2년 전부터 그와 짝을 이루어 페루에 선교사로 나가려 했지만 주님의 뜻이 아니었는지 저만 미국으로 발령이 났습니다. 그래서 아쉽고 미안한 마음에 박 신부가 페루에 입국하는 첫 여정에 따라나섰습니다.

　시꾸아니Sicuani교구가 박 신부가 사목할 곳인데 수도 리마에서 비행기를 타고 한 시간, 다시 자동차로 세 시간이 걸렸습니다. 그 교구의 관할 지역은 강원도 정도의 넓이고 신자는 20만 명이 넘습니다. 하지만 신부는 겨우 18명인데 그나마 열 명은 외국에서 파견되었습니다. 현지에 도착해서 먼저 베드로 주교님을 찾아뵈었습니다. 주교님은 사제성소 육성에 힘을 쏟고 계셨는데 신학생들이 학교 졸업을 앞두고 자꾸만 그만둔다며 한탄하셨습니다.

　사제의 부족은 신앙의 기근과 직결됩니다. 앞으로 세계적으로도 이 문제가 더 심각해질 것을 생각하면 참 걱정입니다. 제가 파견된 미국 올버니교구만 해도 현역 신부님이 80명인데 비해 은퇴 신부님은 92명이었습니다(2016년의 상황입니다). 기우는 배는 일으켜 세우기가 어렵습니다.

　교구청에서 하루를 묵고 이튿날 아침, 우리 교구 이용규 신부가 사목하는 마랑가니Marangani성당을 방문하려고 택시 정거장에 갔습니다. 그런데 그 동네 택시는 무조건 합승이더라고요. 승객이 다 채워지지 않으면 절대 떠나지 않았습니다. 소형차인데도 조수석에 한 사람, 뒷좌석에 네다섯 사람, 트렁크를 개조한 자리에 두 사람이 더 타야만 출발합니다. 그리고 아무 데나 가지도 않습니다. 택시마다 목적지가 이미 정해져 있으니 그냥 말만 택시였습니다. 저와 박경환 신부(이하 페루박 신부^^)는 뒷자리에 앉았는데 옆에 아이와 엄마, 할머니가 탔습니다.

녀석은 일곱 살, 앞니가 홀랑 빠진 개구쟁이였습니다. 비좁고 덜컹거리는 차 안에서 우리는 금방 친해졌습니다. 페루박 신부가 조금 아는 스페인말로 이런저런 대화를 시도했습니다. 그러나 입보다는 손과 발을 훨씬 많이 썼습니다. 아무튼 덕분에 목적지까지 즐겁게는 갔습니다만 언어 때문에 고생할 앞날이 훤했습니다.

마랑가니성당에서 11시 주일 미사를 드리고 교구청으로 돌아왔습니다. 저녁 때가 되어 주교님과 식사를 하는데 당신이 집전하는 저녁 미사에 같이 가자고 하셨습니다. 주교관에서 대성당까지 이동하는데 주교님께서 손수 운전을 하셨고 민망하게도 저희는 뒷자리에 앉았습니다. 한국에서는 있을 수 없는 일이라 부담스러웠습니다. 그러나 주교님이 기사이고 저는 상석에 앉았다는 것이 그리 싫지만은 않았습니다.

대성당은 대단히 고풍스러운 건물이었습니다. 하지만 미사를 다시 드리게 된 것은 그리 오래되지 않았답니다. 너무 낡고 위험해서 성당에 들어가지도 못했기 때문입니다. 무려 13년 동안이나 말이죠. 지금은 말끔히 보수를 하여 매주일 저녁 미사를 주교님이 주례하십니다.

성당 입구에서 구걸하는 장애인 아저씨가 눈에 띄었습니다. 주교님과도 스스럼없이 대화를 하는 것을 보아 매주일 같은 시간에 오는 듯했습니다. 시작 성가와 함께 주교님과 입당하는데 제단 앞 한구석에 아까 그 구걸하던 아저씨가 보였습니다. 놀라웠습니다. 성당으로 구걸하러 오는 사람들은 많았지만 한 명이라도 성당에 들어와 기도하는 것을 본 적이 없었기 때문입니다. 아저씨는 다리가 불편해 일어설 수가 없는 분입니다. 그래서 신자석에 앉지 못하고 구석진 바닥에 앉아서 미사에 참례했습니다. 그러나 맨 뒤가 아니라 맨 앞이었습니다. 봉헌 시간에도 그 몸을 끌고 나와 공손히 헌금을 바쳤습니다. 구걸한 돈을 말이죠. 그 모습을 보고는 자꾸만 눈물이 났습니다.

　미사 후 성수 축복이 있었는데 그곳에서는 아주 중요한 예식이었습니다. 원래는 주교님이 하신다는데 페루박 신부에게 시키셨습니다. 교우들은 축복을 받기 위해서 앞으로 몰려나왔습니다.

특이하게도 신자들은 성수를 몇 방울이 아니라 잔뜩 뿌려 주기를 원했습니다. 큰 선물을 받으러 나오는 것처럼 즐거워해서 바가지로 뿌려야 할 듯했습니다.

어어, 많은 사람들 틈바구니에서 낯익은 꼬맹이가 웃고 있었습니다. 아침에 택시에서 만났던 그 '앞니 빠진 중강새'였습니다. 여기서 또 만나다니…. 너무 반가운 나머지 꼬옥 끌어안고는 하늘로 몇 번씩이나 들어올렸습니다. 우리가 다시 만날 줄은 꿈에도 몰랐을 고 녀석을 말입니다. 녀석은 성당을 나가면서 자꾸만 우리 쪽을 돌아보았습니다. 우리도 손을 흔들었습니다. 다시 만나면 노래를 하나 알려 주렵니다.

앞니 빠진 중강새 우물가에 가지 마라♪

붕어 새끼 놀란다 잉어 새끼 놀란다♪🎵

모퉁이의 빛 Rincon de Luz

미국에 있는 저에게 한국에서 전화가 왔습니다. 십일조를 맡길 테니 쓸 곳을 찾아 달라는 내용입니다. 금액이 적지 않았습니다. 가게를 하는데 이익이 아닌 매출의 10%를 봉헌하는 그의 마음이 갸륵했습니다.

페루박 신부에게 연락해서 요긴히 쓸 곳이 있냐고 물었더니, "사실은 안 그래도 형한테 이 얘기를 해야 하나 말아야 하나 고민 중이었는데 다행이에요. 제가 볼리비아에서 어학연수를 했을 때 자주 가는 곳이 있었어요. 가난한 애들을 위한 방과후학교예요. 쌈짓돈 털어서 맛난 것 사 주고 같이 놀곤 했거든요. 그런데 재정이 너무 열악해서 학교를 못 여는 해도 있었다는 거예요. 가난한 부모님 밑에서 태어난 것도 서러운데 배움의 기회도 불공평한 건 너무하잖아요. 헤어지는데 그 애들이 울면서 가지 말라고 했어요. 지금도 생각만 하면 마음이 아프고 애들이 눈에 밟혀요. 형도 한 번 가 보면 얼마나 도움이 필요한지 금방 알 거예요. 거기 도와주면 좋겠어요."라고 했습니다. 음 … 아무래도 그의 기도가 하늘에 닿은 모양입니다.

이듬해 페루박 신부와 함께 볼리비아의 그 학교, 린콘 데 루스를 찾아갔습니다. 교문으로 이어진 담벼락은 온통 예쁜 그림으로 가득했습니다. 그림의 안내로 학교에 들어서자 아이들이 페루박 신부님을 보고는 우르르 달려들어 껴안고 난리였습니다. 그 모습을 보면서 그가 왜 주저없이 린콘 데 루스를 도와야 한다고 말했는지를 알 수 있었습니다. 아름다운 감동이었습니다.

교장 선생님 마르코Marco가 학교를 시작하여 지금까지 이어 온 사연에 대해 설명해 주었습니다.

1999년, 공립 학교의 어느 선생님이 가난한 아이들을 위해 공부방을 열었습니다. 부모님이 맞벌이를 하다 보니 아이들이 숙제를 안 해 왔습니다. 그것을 보다 못한 선생님이 발 벗고 나선 것이 학교의 시작입니다. 처음에는 가르칠 장소가 없어서 주차장 한 귀퉁이가 교실이었습니다. 그러다가 건물을 임대하기는 했지만 주인이 나가라면 언제든지 쫓겨나야 하는 불안한 신세였습니다. 하지만 뜻이 있으면 길이 있다고 했던가요? 이태리 가톨릭 단체의 지원으로 건물을 구입해서 지금에 이르렀습니다. 그러나 건물만 있다뿐이지 학교를 운영하기에는 늘 쪼들리는 형편입니다.

현재 총 학생은 67명이고 연령대는 4세부터 18세까지입니다. 오전 2개 반과 오후 3개 반을 선생님 네 명이 맡고 있습니다. 학교를 운영하는 데에는 건물 유지비, 직원 월급, 학생 급식비 등등을 포함해서 한 달에 320만 원이 듭니다. 이는 선생님의 월급이 18만 원이기에 가능한 액수입니다. 교사 중에 수녀님이 두 분 있기는 하지만 이 말도 안 되는 봉급은 선생님들이 어떤 수준의 희생과 헌신을 하고 있는지를 알게 해 줍니다. 운영비의 절반은 학생들이 내는 학비이고 나머지 반은 후원으로 충당합니다. 후원이 부족하면 빚을 져가면서까지 학교를 이어 왔고 어떤 해는 재정 문제로 인해 학교 문을 닫기도 했다는 안타까운 이야기였습니다.

린콘 데 루스Rincon de luz라는 학교 이름은 '모퉁이의 빛'이라는 뜻입니다. 빛이 들어오려면 전기가 있어야 하지 않겠습니까? 사랑의 플러그를 꽂기로 마음 먹었습니다. 가난 때문에 배움이 멈추지 않도록, 운영비 걱정 없이 가르칠 수 있도록 말입니다.

팬데믹 동안 학교 문을 닫아야 했습니다.
대부분 일용직 노동자인 부모들은 일자리를 잃었습니다.
하루벌이가 없으니 하루양식도 없습니다.
착한 선생님들은 생필품을 사 들고 학생들을 찾아갔습니다.

꿈이여 생시여

신학생 때의 일입니다. 한밤중에 수녀원으로 전화가 한 통 왔는데 본당신부님이 방금 경부고속도로에서 돌아가셨다는 믿지 못할 소식이었습니다. 당시 신부님은 일주일에 두 번 서울로 학교를 다녔는데 밤이 되어서야 성당으로 돌아오셨습니다. 공교롭게도 '그날'은 학교 가는 날이고 '그 시간'은 고속도로에서 운전하고 계실 시간이었습니다. 정황상 의심의 여지가 없었습니다.

'신부님이 사망하셨다'는 소식은 겨울에 들불 번지듯 삽시간에 퍼졌고, 신자들은 그 밤에 성당으로 속속 모여들었습니다. 100년이 다 된 성당이지만 한 번도 없던 일이라서 다들 갈피를 못 잡고 집단 혼돈에 빠졌습니다. 총회장님은 사목위원들과 장례 절차를 논의하느라 정신이 없었고, 수녀님은 넋이 나간 신자들을 진정시키며 성당에 올라가서 연도를 바치자고 하셨습니다. 하지만 어떻게 해도 진정이 될 만한 상황은 아니었습니다. 급기야 할머니 한 분이 주저앉아 '나를 데려가시지 왜 우리 신부님을 데려가시냐?'

며 우시자 성당은 금세 통곡의 바다가 돼 버렸습니다.

바로 그때, 누군가 손가락으로 가리키며 말했습니다. "저거 저거, 신부님 자가용 아녀?" 그 말에 모두의 시선이 집중되었고 정말로 낯익은 검정색 자동차가 성당 마당에 들어섰습니다. 이윽고 차문을 열고 내리는 분은 다름 아닌 본당 신부님이셨습니다. "이 야밤에 웬일들이신가요? 누가 죽기라도 했나요?"

"꿈이여, 생시여?"
초상집에서 잔칫집으로 바뀐 것은 순식간이었습니다. 좀 전까지 땅을 치며 울던 할머니들은 좋아서 우셨고 장례를 논의하던 총회장님은 가슴을 쓸어내렸으며 누군가의 전화를 받은 수녀님은 그 인간을 찾아내야 한다며 노발대발하셨습니다. 신부님은 수녀님에게 자초지종을 듣고는 짚이는 구석이 있다고 하셨습니다. 신부님을 흠모하는 여인이 있는데 만나 주기는커녕 거들떠보지도 않자 분풀이 전화를 한 걸로 잠정 결론이 났습니다.*

하루 교통사고 사망자가 30여 명에 이르던 시절이니 불경스럽기는 하지만 신부님이 길 위에서 돌아가시는 일은 얼마든지 가능했습니다. 그래서 거짓 부고를 고스란히 믿었고요. 죽는 것이 가능하다면 죽을 뻔한 것은 더 말할 나위가 없죠. 하마터면 큰일 날 뻔한 상황들이 어디 한두 번이었습니까?

---

* 신부님은 30여 년이 지난 지금까지도 멀쩡히 잘 살아 계십니다.

미국에서 살다 보면 손님 치를 일이 생깁니다. 그럴 때면 꼭 들르는 곳이 있습니다. 나이아가라폭포입니다. 참 장관이죠. 하지만 가는 데 다섯 시간, 오는 데 다섯 시간이 걸립니다. 그렇다고 자고 오기엔 돈이 아까워서 매번 당일치기로 다녀오곤 했습니다.

한번은 방글라데시 사람인 레오나르도 신부가 어머니가 살고 계신 뉴욕으로 휴가를 왔습니다. 그리고 우리 성당에서도 일주일 동안 머물렀는데 당연히 나이아가라에도 갔습니다. 아침에 출발해서 폭포 근처에서 점심을 먹었습니다. 그리고 폭포 주위를 한참 동안 걸은 후 배를 타고 폭포 밑에 가서 물을 잔뜩 뒤집어썼습니다. 집으로 출발한 것은 저녁 어스름이었습니다. 피곤하다 싶었습니다. 아니나 다를까 운전하는데 좀 졸리더라고요. 충분히 그럴 만도 하죠. 왕복 열 시간인데.

"철가방!" 제가 한 잠꼬대에 제가 깼습니다. 레오나르도 신부는 철가방이 무엇인지 알 리 없지만 제가 졸음운전, 아니 운전하다가 잠든 것은 모를 리 없었습니다. "STOP. STO~P!"

하지만 바로 차를 세울 수는 없었습니다. 고속도로 갓길에 주차하면 경찰이 왱왱거리며 출동하니까요. 기를 써서 눈을 부릅뜨고 휴게소까지 운전한 다음 잠시 눈을 붙였습니다. 어휴, 생각만 해도 아찔합니다. 잠꼬대가 아니었으면 길 위에서 사망한 사람은 저일 뻔했으니까요.

죽음은 늘 근처에 있습니다. 세상에는 사람보다 무덤이 더 많듯 말입니다. 그러니 아이가 삶을 배우듯 어른은 죽음을 배워야 합니다. 그러나 안타깝게도 출생 전에는 엄마와 함께 열 달을 준비하지만 죽을 때는 단 하루의 준비도 보장받지 못합니다. 죽음이 확실한 것에 비해 죽는 날은 불확실하니까요. 오늘이 마지막 날일지도 모르니 최선을 다하되 최악에 대비해야 합니다.

분명 내세는 내일보다 먼저 온다니까요.

우리의 소원

　　북한의 천주교 단체에서 미국 내의 한인 신부들을 초청한다는 공문을 받았습니다. 웬 떡이냐 싶어 얼른 신청하려고 했습니다. 예전부터 북한에 가 보고 싶었거든요. 그래도 혹시나 싶어 총회장님에게 물어보았습니다. 당시 한반도 정세가 그리 좋지 않았기 때문입니다. "여차저차해서 북에 좀 다녀와야겠습니다." 그랬더니 총회장님은 조금도 머뭇거리지 않고, "절대로 안 됩니다. 미국에 6개월이나 늦게 들어오시고는 북한이라니요? 거기는 잘못하면 아예 못 돌아오십니다. 그러면 저희는 또 목자 없이 살아야 합니다." '목자 없이'라는 말에 재빨리 포기했습니다.

　　한국에서 사회복음화 일을 하던 2015년 봄의 일입니다. 탈북자들이 남한에 적응할 수 있도록 돕는 기관이 있는데 그곳에서 미사를 드려 달라는 부탁을 받았습니다. 얼마든지 바쁘다는 핑계를 댈 수도 있었습니다. 하지만 그분들이 얼마나 큰 위험을 무릅

쓰고 탈출했을지를 생각하니 거절할 수가 없었습니다(북의 사람들을 만난다는 호기심도 있기는 했습니다).

　미사를 약속한 날에 가 보니 연령대가 다양했습니다. 엄마 등에 업혀 탈북한 아기도 있고 어린 학생도 있으며 나이가 많은 어르신도 계셨습니다. 워낙 위험한 경로를 통과해서 그런지 얼굴은 밝았고 안도감이 느껴졌습니다. 관계자의 말을 들으니 압록강을 건너려면 뇌물로 많은 돈이 필요하답니다. 그리고 강을 건너도 중국에서는 불법 신분인지라 발각되면 다시 북한으로 추방당하고요. 만일 그렇게 되면 북한에서 어떤 처벌을 받을지 … 어휴, 상상하기도 싫습니다. 그렇게 가슴 졸이며 죽음의 강을 건너 남한에 도착했으니 얼마나 마음이 놓였겠습니까?

　시작 성가를 부르는데 하도 절도 있고 씩씩해서 마치 여군들 같았습니다(여성만을 위한 곳입니다). TV에서나 듣던 북한 억양을 독서자에게 들으니 살짝 웃음이 나기도 했습니다. 그런데 미사가 중단되는 일이 생겼습니다. 보편지향기도 시간에 한 사람이 오늘이 생신인 어머니를 위해 청을 드렸습니다. 어머니는 북에 계셔서 연락도 할 수 없고, 생사도 알 수 없답니다. 그러니 하느님께서 잘 돌봐 주시기를 그리고 남한으로 데려와 주시면 더는 바랄 것이 없다고 기도했습니다. 떨리는 목소리에 애절함이 맺혔습니다. 그리고 더 이상 말을 못 잇고 울고만 있었습니다.

여기저기서 흐느끼는 소리가 들렸습니다. 그러고는 이내 온통 울음바다가 되어 버렸습니다. 모두가 비슷한 처지입니다. 통일이 되지 않는 한, 생이별을 한 가족과 다시는 만나지 못합니다. 어떤 사람은 부모님과 이별했고 어떤 이는 부부가 함께 강을 건넜지만 남편이 아직 중국에 있습니다. 온 가족이 다 함께 탈북하는 일은 쉽지 않은 듯했습니다. 그래서 이곳을 나가면 얼른 돈을 벌어서 식구들을 한국으로 데리고 와야 했습니다.

저는 몹시 부끄러웠습니다. 강론 때, 목숨 걸고 강을 건넌 것처럼 한국에서 살면 못할 일이 없을 거라고 말했기 때문입니다. 몸은 남한으로 왔지만 마음은 가족 곁에 두고 온 그분들의 깊은 슬픔을 이해하지 못해 너무나 죄송했습니다.

한번은 평양을 다녀온 신부와 이런 이야기를 한 적이 있습니다.

"형, 제가 북한에 들어갈 때 입국신고서를 무슨 언어로 썼는지 아세요?" "글쎄, 영어?" "아니요, 우리말로 썼어요."

그는 입국신고서를 한글로 쓰면서 감동으로 손이 떨렸다고 했습니다. 북한에 내린다는 두려움으로 긴장했던 마음은 누그러지고 이래서 통일이 되어야 한다는 것을 알았답니다. 그 심정이 고스란히 전달되었습니다. 같은 돌로 벽을 세울 수도 있고 다리를 놓을 수도 있다지요? 언젠가는 휴전선 너머로 다리가 놓이는 날이 왔으면 좋겠습니다.

⇦ 제가 사목했던 올버니에는 작은 공항이 하나 있는데 공항 터미널 복도에 특별한 기념패가 전시되어 있습니다. 그 패에는 한국 전쟁에서 전사한 올버니지역 출신 42명의 이름이 새겨져 있습니다.

⇧ 본당 야외미사 때면 한국 전쟁의 베테랑(미국에서는 참전 용사를 베테랑이라고 합니다)들이 참석하시곤 했습니다. 장진호 전투에서 살아남은 분들과 그 가족들입니다. 중공군에 의해 수적으로 밀렸지만 끝까지 사수해서 흥남철수를 성공하게 만든 중요한 전투입니다. 전투가 격렬했던 만큼 수많은 전사자가 생겼습니다. 살아 돌아온 사람이 얼마 없어 'Chosin Few'라는 말이 생겼을 정도입니다. 그 Chosin Few와 가족들이 한인 성당의 미사에 오셨던 겁니다. 머나먼 한국 땅까지 와서 우리를 도와준 귀한 희생에 감사했습니다.

천국의 사다리

비자 연장 때문에 잠시 한국에 들어와서는 친구 현창이네 성당에 머물렀습니다. 주일 미사를 드리며 교우들에게 뉴튼수도원을 소개했습니다. '기적의 항해'가 이어지고 있는 그 수도원을 말입니다.

6.25 전쟁 때 낙동강까지 밀렸던 국군과 연합군은 인천 상륙작전으로 반격에 성공합니다. 그러나 그 파죽지세도 중공군의 인해전술에 막혀 후퇴하게 됩니다. 육로가 막힌 함경도 일대의 군인들은 바닷길로 탈출하러 흥남항으로 모였습니다. 10만 명의 군인들은 일사불란하게 배에 올랐습니다. 그러나 탈출을 원하는 것은 군인만이 아닙니다. 민간인도 구름 떼처럼 모여들었습니다. 옥신각신 끝에 그 많은 군수 물자를 포기하고 민간인들을 군함에 태웠습니다. 항구에는 화물선인 매러디스 빅토리호만이 남았습니다. 그러나 승선을 기다리는 사람들은 여전히 많았습니다.

그 배의 선장 라루는 영하 40도의 추위와 두려움에 떨고 있는 사람들을 내려다보며 고민에 휩싸입니다. '과연 저들을 배에 태우는 게 맞을까? 바다에는 수많은 기뢰폭탄이 설치되어 안전한 항해를 보장할 수 없다. 만에 하나 잘못되면 모두가 차디찬 바다에 수장될 텐데…' 아마도 하느님과 협상을 했겠지요? 인생을 통째로 하느님께 드릴 테니 저 사람들을 살려 달라고 했겠지요? 1950년 12월 23일은 라루에게 일생一生 같은 일일一日이었고 그는 서른여섯 살이었습니다(1914년 생).

라루 선장은 배에 사람을 태우라고 지시합니다. 배 위에서 사다리를 늘어뜨리자 그 많은 사람들은 천국에 닿으려는 듯 오릅니다. 고작 2천 명을 태울 수 있는 배인데 무려 만4천 명이 탔습니다. 그는 위험천만한 항해를 하는 동안 키를 놓지 않았고 훗날 키를 잡은 것은 자기가 아니라 하느님이셨다고 고백합니다. 드디어 12월 24일, 안전하게 부산에 도착했고 그 항해 도중 5명의 아기가 태어났으며 단일로는 최다인원을 구출한 기록으로 기네스북에 등재되었습니다.

선장은 '크리스마스의 기적'이 있은 지 얼마 후, 세상과 단절하고 수도원으로 들어가 버렸습니다. 그리고 그곳에서 50년 동안 성물방지기로 살다가 2001년 하늘로 돌아가셨습니다.

라루 선장이 마리너스 수사가 되어 살고 묻힌 곳이 뉴저지 주의 뉴튼수도원입니다. 수도원 안에 그분이 묻힌 묘지에 갈 때마다 저는 한국인으로서 감사의 큰절을 올린다고 강론을 했습니다.

미사를 마치고 성당 마당에서 교우들과 인사를 나누는데 연세가 지긋한 분이 저에게 다가오셨습니다.

"강론을 들으면서 몇 번이고 눈물을 참아야 했습니다. 열한 살이었던 제가 바로 그 배, 매러디스호에 타고 있었습니다."

감동이 벅차올라 무슨 말을 해야 할지 몰랐습니다.

"어르신, 제가 미국에 돌아가서 마리너스 수사님께 감사의 인사를 대신 전해 드리겠습니다."

20여 년 전, 수사님이 사셨던 뉴튼수도원은 지원자가 없어서 문 닫을 상황에 처했습니다. 그래서 '성 베네딕도회 왜관 수도원'에 인수를 요청했는데 한국의 수도원에서도 난처한 고민에 빠집니다. 성소자 부족으로 어려움을 겪고 있었기 때문입니다. 그러나 인수하기로 마음을 굳힙니다. 그 결정적 이유가 마리너스 수사님 때문입니다. 그래서 지금 그곳에는 한국 수사님들이 살고 계십니다. 그렇게 사랑빚을 갚는 거죠. 게다가 현재 마리너스 수사님은 한국인들에 의해 성인품에 올리는 작업이 진행 중이랍니다. 정말 아름다운 사연이지요.

삶은 누구나 안정적이고 편안하기를 바랍니다. 그러나 하늘에 오르는 길은 그리 쉽고 편하지 않습니다. 천국에는 엘리베이터가 없기 때문입니다. 계단을 오르고 때로는 사다리를 타야 합니다. 피난민들이 사다리를 타고 그 배에 오른 것처럼 말입니다. 그 오르막길, 우리 서로 도와주며 함께 갔으면 좋겠습니다.

사는 이유

    한국에 돌아온 저에게 페루박 신부가 양로원을 짓는 일에 관심을 가져 달라고 했습니다. 새로 간 본당의 수녀님들이 양로원을 짓고 있다는 겁니다. 그분들도 페루 사람이 아니라 다른 나라에서 왔다는데 현지의 열악한 사정을 보고는 일을 벌인 모양입니다. 하지만 돈이 부족해서 모이는 만큼씩만 공사를 하고 있다고 했습니다.

    저야 당연히 함께한다고 했고 박 신부에 의하면 어느 교우도 돕겠다고 했답니다. 저야 그렇다 해도 코로나 시기인데 내민 손을 선뜻 잡아 주는 것은 쉬운 일이 아닙니다. 그러니 도와주겠다는 그 마음씀씀이가 얼마나 고맙습니까? 그건 그렇고 해외 송금을 해 보신 분은 아시겠지만 가난한 나라로의 송금은 그렇게 간단하지 않습니다. 은행에 직접 가야 하고 제출해야 하는 정보도 있어서 안 해 본 사람에게는 불편합니다. 그래서 돈을 페루로 보내는 역할은 제가 맡기로 했습니다. 그런 사연으로 뜻을 모으기로 한 그 '누군가'와 통화를 하게 되었습니다. 한 번 본 적도 없고 이름도 모르니 '누군가'이지요. 그분은 환율이 올랐다고 넉넉히 보내겠다고 했습니다. 이거 참! 비행기 유류할증료는 들어 봤어도…. 그게 바로 주일 아침이었고 성당에 가야 한다는 말로 통화를 마친 것까지 생생히 기억합니다.

그런데, 그 다음 주일에 자매님의 빈소에 다녀왔습니다. 환갑도 안 지났고 지병도 없으며 교통사고도 아닌데 갑자기 떠나셨습니다. 선행을 같이 한 인연으로 간 빈소에서야 처음으로 자매님의 얼굴을 보았습니다. 영정사진 속 웃고 있는 그분은 그냥 착한 아줌마였습니다. 빈소의 자녀들과 마주 절을 하고 페루의 박경환 신부를 대신해서 왔다고 인사했습니다. 신을 신고 나가려는데 어떤 분이 저를 잡았습니다. 남편이라고 했습니다. 임종 전의 부인이 자기가 만일 잘못되면 찾아올 신부님이 있을 거라고 했다는 겁니다. 그래서 저를 기다리고 있었답니다. 눈물이 맺혔습니다. '내가 올 것을 알았다니 … 이렇게 끝날 보통 인연은 아니겠구나.' 하는 생각이 들었습니다. 어느 누가 목숨이 왔다갔다 하는데 자신의 빈소에 찾아올 신부를 예견하겠습니까?

그분이 보낸 그 돈, 쓰일 곳이 단순한 양로원이 아닙니다. 산골의 홀로 사는 어르신들은 가난 때문에 고통스럽고 쓸쓸한 죽음을 맞습니다. 그분들이 천국을 준비할 거처를 짓는 겁니다. 자매님은 본인의 운명을 알았을까요? 아니면 주님은 그렇게 그의 죽음을 준비시킨 걸까요? 우리는 알 수 없고 알 길도 없습니다.

삶이 두려운 사람은 죽음을 택합니다. 삶이 두려운 건 힘들어서가 아닙니다. 저도 죽고 싶은 적이 있었는데 살아야 할 이유를 찾지 못해서 그랬습니다. 그래서 압니다. 아무리 힘들어도 살아야 할 이유를 알고만 있다면 살아집니다. 왜 사냐고 '질문'하면 분명히, 주저없이 말할 수 있는 '대답'이 있어야 합니다. 죽음과는 단 한 번 만나겠지만 자주 죽음을 생각해야 합니다. 그래야 살아가는 이유와 있어야 할 자리를 그리고 살아야 할 자세를 분명히 알 수 있습니다. 그래야 후회와 미련 없이 살 수 있을 테니까요.

생명生命은 살라는 하느님의 명이니 우리는 그분의 명령대로 살아야 합니다. 섭리를 거스르지 않고 순명으로 살아갈 힘을 은총으로 구합니다.

첫눈처럼

경험이야말로 최고의 스승입니다. 누구나 다양한 체험들로 인해 성장해 왔기 때문입니다. '만 권의 독서보다 만 리의 여행이 낫다'는 말도 그래서 생겨났을 것입니다. 그러나 우리가 경험할 수 있는 한계는 존재합니다. 그래서 특별한 경험을 한 이들에 대한 소문을 들으면 만나 보고 싶고 귀동냥을 하고 싶습니다. 친구로부터 아주 귀한 체험을 한 분을 소개받았습니다. 그래서 그분 목소리로 당시 상황을 직접 듣고 싶어서 연락을 드렸습니다.

그분이 살고 계신 곳은 양평인데 경기도 안의 강원도라 불릴 만큼 한적한 시골입니다. 단골 매운탕집이 있다는 정보를 입수해 일부러 점심 때에 맞추어 도착하였습니다. 초인종이 없길래 문밖에서 전화를 드렸습니다. 신호음이 가고 있는데 서둘러 나오셔서는 날도 궂은데 먼 길 왔다며 반가이 맞이해 주셨습니다. 그러나 마당에서 눈치 없이 계속 짖던 개는 괜히 주인에게 발길로 한 대 맞았습니다. 좀 미안했습니다.

집 안에 들어서며 주님의 축복을 빌었습니다. 한눈에도 소박한 세간살이여서 노부부가 오붓하게 사는 집임을 알 수 있었습니다. 오래된 집이라 배어 있는 쿰쿰한 메주 냄새마저도 구수했습니다. 십자고상은 방 안의 제일 좋은 자리에 모셔져 있고 벽은 가족사진들로 도배가 되어 있었습니다. 평생을 농사지어 공부시킨 자식들을 도시로 내보냈고, 이제는 사진으로 그리움을 달래시는 듯했습니다. 자손들을 위해 얼마나 기도하시는지 굵은 초 두 자루가 몽당연필처럼 닳았습니다.

시간이 시간인지라 일단 밥부터 먹자고 하셔서 금세 댁을 나섰습니다. 강을 따라 난 길을 굽이굽이 돌다 보니 물가의 어느 한적한 곳에 매운탕집이 나타났습니다. 주인 아주머니가 어르신을 금방 알아보고는 전망 좋은 방을 내주었습니다. 단골은 역시 다르더군요. 방석을 깔고 앉으니 따뜻한 기운이 올라왔습니다. 잠시 후 들어온 큼지막한 냄비와 온갖 반찬들로 상 위가 풍성해졌습니다. 매운탕이 보글보글 끓는 소리마저 맛있었습니다.

"눈이 오는구먼." 반갑게도 눈이 내리기 시작했습니다. 첫눈입니다. 귀한 분을 뵙고 있는데 첫눈까지 만나다니 … 참 복받은 날이었습니다. 평생 농사를 지어 온 어르신도 매운탕 먹기 딱 좋은 날이라며 눈이 많이 온 이듬해에는 가뭄이 없어 풍년이 든다고 하셨습니다. 수저를 내려놓으시는 것을 기다려 천국에 대해 여쭈었습니다. 하지만 벌써 오래전 일이라고 그저 웃기만 하셨습니다.

그 얘기를 들으려고 '진짜' 돌아가시기 전에 여기까지 왔는데…. 다행히도 할머님께서 우리집 양반이 스물두 살 때의 일이라며 생생한 기억을 끄집어내셨습니다.

"쇠도 소화시킨다는 20대의 남편이 이유도 모른 채 시름시름 앓기 시작했어요. 돈도 없지만 병원도 없던 시절이었지요. 단명하는 시대의 내력이 있다 해도 그렇게 허망하게 갈 줄은 몰랐어요. 갓난아이를 등에 업은 채 홑이불을 끌어당겨 더 이상 숨을 쉬지 않는 남편을 덮어야 했어요. 앞으로 어떻게 살아가야 할지 캄캄했어요. 자, 이제부터는 당신께서 얘기해 보세요."

그렇게 말문이 트이자 어르신께서 말을 이으셨습니다.

"두 갈래의 길이 나오는데 넓은 길과 좁은 길이었습니다. 좁은 길로 들어섰는데 길은 점점 넓어졌고 이내 큰 공터가 보였습니다. 아주 밝은 빛이 비치더라고요. 그리고 너무나 반갑게도 거기에서 돌아가신 부친을 뵈었습니다. 그런데 아버님께서 왜 벌써 왔냐고 하시며 기왕 온 김에 이곳 구경이나 하고 가라셨습니다. 보는 곳마다 기가 막히게 좋아서 다시 돌아가고 싶지 않을 정도였습니다. 이제 갈 시간이라고 하시는데 다 둘러보지 못한 게 아쉬웠습니다. 하는 수 없이 돌아왔는데 내가 열 시간 동안이나 죽어 있었다지 뭡니까."

그렇게 죽음을 경험한 어르신께는 커다란 변화가 생겼습니다. 그날 이후로 성당에 다니기 시작하신 겁니다. 교리를 배우면서 하늘에 이르는 문은 좁고 그 길도 비좁다고 들었는데 당신은 직접 봐서 딱 맞는 말씀이라고 하셨습니다. 그리고 건강해져서 팔순이 넘은 지금도 농사를 지으시고요.

  사람은 누구나 죽는 것이 두려운데 그분은 이미 천국을 다녀와 봤기 때문에 죽음은 두렵지 않다고 하셨습니다. 다만 거기에 다시 가지 못할까 그것이 걱정이라셨습니다. 제가 보기엔 평생을 농부로 착하게 사셨고 좁은 길을 걸어오셨으니 마지막 날 하느님께서 환히 손짓하실 것은 당연합니다. 더군다나 그 일이 있은 후로 낳은 아들은 하느님께 사제로 봉헌하셨는데 그가 바로 저의 동창 지철현 신부입니다.

  귀한 체험을 간직하고 집으로 돌아오면서 생각했습니다. '나도 죽음을, 마치 첫눈처럼 반갑게 맞이할 수 있으면 얼마나 좋을까?'

IMPRIMATUR

Suvonen, Die 1 mensis Decembris. 2022
+ Matthias I. H. RI
Episcopus Suvonensis

천직이냐 천벌이냐 스물다섯 살 사제일기

지 은 이   이재웅 신부
출판허가   2022. 12. 1. 천주교 수원교구장 이용훈 주교
초판 1쇄   2024. 08. 30.
양장/재판   2025. 01. 20.
양장/2쇄   2025. 09. 30.

펴 낸 곳   도서출판 비지아이
출판등록   제2-3315호
등록일자   2001. 04. 19.
펴 낸 이   신익재
교   정   장말희
진   행   문기덕
주   소   서울특별시 양천구 곰달래로 11길 42-1
전   화   Tel. 02-2285-2710 FAX. 02-2285-2714

ISBN 978-89-92360-73-9   18,000원
Copyright ⓒ2024 by 이재웅